世界哲學家叢書

# 山鹿素行

劉梅琴 著

1990

東大圖書公司印行

國立中央圖書館出版品預行編目資料

山鹿素行／劉梅琴著 -- 初版 --
臺北市：東大出版；三民總經銷，民79
面；　公分 --（世界哲學家叢書）
參考書目　面163-170
含索引
ISBN 957-19-0102-4（精裝）
ISBN 957-19-0103-2（平裝）
1.山鹿素行—學識—哲學
131.61

©山鹿素行

著者　劉梅琴
發行人　劉仲文
出版者　東大圖書股份有限公司
總經銷　三民書局股份有限公司
印刷所　東大圖書股份有限公司
地址／臺北市重慶南路一段六十一號二樓
郵撥／〇一〇七一七五一〇號
初版　中華民國七十九年三月
編號　E 13004
基本定價　叁元叁角叁分
院新聞局登記證局版臺業字第〇一九七號


ISBN 957-19-0103-2

# 《世界哲學家叢書》總序

本叢書的出版計劃原先出於三民書局董事長劉振強先生多年來的構想，曾先向政通提出，並希望我們兩人共同負責主編工作。一九八四年二月底，偉勳應邀訪問香港中文大學哲學系，三月中旬順道來臺，即與政通拜訪劉先生，在三民書局二樓辦公室商談有關叢書出版的初步計劃。我們十分贊同劉先生的構想，認為此套叢書（預計百冊以上）如能順利完成，當是學術文化出版事業的一大創舉與突破，也就當場答應劉先生的誠懇邀請，共同擔任叢書主編。兩人私下也為叢書的計劃討論多次，擬定了「撰稿細則」，以求各書可循的統一規格，尤其在內容上特別要求各書必須包括 (1) 原哲學思想家的生平；(2) 時代背景與社會環境；(3) 思想傳承與改造；(4) 思想特徵及其獨創性；(5) 歷史地位；(6) 對後世的影響（包括歷代對他的評價），以及 (7) 思想的現代意義。

作為叢書主編，我們都了解到，以目前極有限的財源、人力與時間，要去完成多達三、四百冊的大規模而齊全的叢書，根本是不可能的事。光就人力一點來說，少數教授學者由於個人的某些困難（如筆債太多之類），不克參加；因此我們曾對較有餘力的簽約作者，暗示過繼續邀請他們多撰一兩本書的可能性。遺憾的是，此刻在政治上整個中國仍然處於「一分為二」的艱苦狀態，加上馬列教條的種種限制，我們不可能邀請大陸學者參與撰寫工作。不過到目前為止，我們已經獲得八十位以上海內外的學者精英全力支持，包括臺灣、香港、新加坡、澳洲、美國、西德與加拿大七個地區；難得的是，更包括了日本與大韓民國好多位名流學者加入叢書作者的陣容，增加不少叢書的國際光彩。韓國的國際退溪學會也在定期月刊《退溪學界消息》鄭重推薦叢書兩次，我們藉此機會表示謝意。

原則上，本叢書應該包括古今中外所有著名的哲學思想家，但是除了財源問題之外也有人才不足的實際困難。就西方哲學來說，一大半作者的專長與興趣都集中在現代哲學部門，反映着我們在近代哲學的專門人才不太充足。再就東方哲學而言，印度哲學部門很難找到適當的專家與作者；至於貫穿整個亞洲思想文化的佛教部門，在中、韓兩國的佛教思想家方面雖有十位左右的作者參加，日本佛教與印度佛教方面却仍近乎空白。人才與作者最多的是在儒家思想家這個部門，包括中、韓、日三國的儒學發展在內，最能令人滿意。總之，我們尋找叢書作者所遭遇到的這些困難，對於我們有一學術研究的重要啓示（或不如說是警號）：我們在印度思想、日本佛教以及西方哲學方面至今仍無高度的研究成果，我們必須早日設法彌補這些方面的人才缺失，以便提高我們的學術水平。相比之下，鄰邦日本一百多年來已造就了東西方哲學幾乎每一部門的專家學者，足資借鏡，有待我們迎頭趕上。

以儒、道、佛三家為主的中國哲學，可以說是傳統中國思想與文化的本有根基，有待我們經過一番批判的繼承與創造的發展，重新提高它在世界哲學應有的地位。為了解決此一時代課題，我們實有必要重新比較中國哲學與（包括西方與日、韓、印等東方國家在內的）外國哲學的優劣長短，從中設法開闢一條合乎未來中國所需求的哲學理路。我們衷心盼望，本叢書將有助於讀者對此時代課題的深切關注與反思，且有助於中外哲學之間更進一步的交流與會通。

最後，我們應該强調，中國目前雖仍處於「一分為二」的政治局面，但是海峽兩岸的每一知識份子都應具有「文化中國」的共識共認，為了祖國傳統思想與文化的繼往開來承擔一份責任，這也是我們主編《世界哲學家叢書》的一大旨趣。

傅偉勳　韋政通

一九八六年五月四日

# 序

筆者於研究生時，曾與外子王祥齡先生合作發表〈儒家對德川時代的功能影響及其功能〉（《鵝湖月刊》第98號）。由此漸進，開始對日本江戶時代之歷史思潮之動盪與人物思想家之興起產生莫大的好奇與不懈的求知欲。

試觀一八四二年中國鴉片戰爭之後，以及一八八六年日本「大政奉還」，中、日在被迫接受西潮的百年來，兩國情勢之逆轉有如轉倒之倒覆、日月之交位。而山鹿素行在其《中朝事實》一書中所倡導之「日本中華主義」，筆者以爲，此雖爲對「華夷論」之反動與翻版，及其對日本文化本土自覺意識之表現。然而在歷史思潮「下剋上」之風潮下，其影響與結果顯示，又不得不以「華」自居之中國人感到汗顏。試想中國二千年來以種族、地域、文化差異來劃分之華夷思想，如今是否已面臨了實質上崩潰之危機與瓦解之命運呢?

筆者不才，誠然不敢爲中日關係與未來發展之方向與結果驟下斷語。然深信「鑑古觀今」爲明瞭其間深妙變化之途。又以爲，明治維新以來日本之成就實奠基於德川時代二、三百年間文化思想敎育之變革與推廣。故試擇《山鹿素行》爲探究之先端。

憶及《山鹿素行》一書之寫作，實脫胎於三年前之碩士論文

——〈山鹿素行の日本中朝主義について〉。而當時全憑外子王祥齡先生之指導與鼓勵，而此書之成，全仰仗傅偉勳教授之提攜與引薦。感激之心，無以言盡。

民國78年12月25日

記於外雙溪故宮

# 山鹿素行

## ──「日本中華主義」與「華夷論」

## 目　次

# 前　言

山鹿素行爲德川時代開創武士道學派，山鹿流兵學以及古學、日本中華主義之始祖。《聖教要錄》爲其復古精神之先聲，其中提倡恢復中華聖人——周公、孔子之道，並言孔子歿，聖人之統盡絕，極力駁斥宋學爲異端，因此與幕府之官學（朱子學）相牴觸而獲罪，遭受流放赤穗之命運，並言「夫罪我者，罪周公孔子之道也，我可罪而道不可罪，罪聖人之道者，時世之誤也」，自比周公、孔子。卻在赤穗流謫中完成了其一生最有名，並改變日本思想史之著作《中朝事實》，以形式上而言，《中朝事實》爲研究日本古典歷史之著作，全以漢文書寫，不過與《聖教要錄》比較，其旨趣卻大相逕庭，兩者雖同是復古精神之表現，但崇拜的對象卻由對中華聖人之崇拜，轉向爲對日本神聖之崇拜。故而提倡誇耀日本精神之「日本中華主義」，認爲「中華（指日本）之文物，與天地參，非萬邦可並比」，所以日本當稱爲「中華」、「中朝」、「中國」而非「夷人之東夷」，故寫《中朝事實》而證明其「日本中華主義」，而此一主義，可說是與「華夷論」相對抗之思想，亦卽日本主義與中華主義之對抗。因此之故，日本思想史上長久以來之中華崇拜就此改觀了。以至後世，排斥中華思想者亦不乏其人，甚有以日本爲世界之中心，欲征服世界必先征服中華之主張，因此，我們可說「日本中華主義」為日本脫離中華思想束縛之先端，因此一改以往之中華崇拜而為崇拜日本之日本迷了，戴季陶《日本論》頁四末云：

> 日本人迷信他們的國家，是世界無比的國家，他們的皇室，是世界無比的統治者，他們的民族，是世界優秀的「神選民族」，這種思想，都從神教的信仰產生出來的，其實也不過是宗法社會裏面崇敬祖宗的道理。（中略）德川氏承續豐臣氏的霸權以後，政治文物，燦然大備。傳入日本千餘年的印度中國的思想，已經和日本人的生活，融成一片。於是日本民族自尊的思想，遂勃然發生。有一個有名的學者，叫做山鹿素行，在這民族自尊心的鼓盪裏面，創起一個日本古學派。這一個日本古學派之學術的內容，完全是中國的學問，並且標榜他的學問，是直承孔子，對於中國儒家的學說，連曾子以下，都不認為滿意。對於漢唐宋諸家，尤其對於宋儒，更抨擊無遺，以為宋儒的思想，是破壞孔子之道的異端。但是他卻借了中國的學問來造成日本民族的中心思想，我們看他的著作，就曉得在方法上、理論上，都沒有一點不從中國學問得來，沒有一處不推崇孔子之道，而精神卻絕對兩樣。他是鼓吹「神造國家」、「君主神權」。山鹿氏所著《中朝事實》一本書裏面，把他的思想根據，也就發揮盡致了。

由上所述可知，日本迷是由日本宗教信仰神道之中而來，而其自尊心之興起則於德川三百年間成立，山鹿素行便是有名之代表，而筆者以爲之所以如此， 除了受儒家影響以及華夷思想之刺激外，一方面也是神道思想之鼓動所激盪而成。無疑的，此一「日本中華主義」爲日本思想史開創了獨立之新機運，而原本居日本思想界之領導地位之中華思想，從此也就一落千丈而爲日本思想所支配了。

了解乎此，不難想像今日「日本第一」之原動力竟源乎於此「日本中華主義」，雖其不過爲「華夷論」之另一種翻版，但觀乎今日中、日兩國地位之逆轉，自忖對於將來關係之演變將該有所惕勵了。

若回顧中日兩千年來之交流，不難發現在文化上之交流多屬「一方通行」（單行道）之傾向。日本不斷之輸入，學習中華文化，而中國人卻對日本缺乏具體之體驗，依戴氏之說則爲中國人「自大思想」所導致，以及因「思想上閉關自守」、「智識上的義和團」所誤而不願認識日本，想其唯東夷之小島國耳，要不就是因「同祖同源論」，一廂情願的認爲日本與中國乃「同文同種」之兄弟之邦，殊不知此華夷思想中天下一家以華爲祖宗，夷狄爲末枝之說法早在德川時代便被質疑並否定之。試想，何以此說會被推翻， 除了前述因德川時代受儒學影響、華夷論刺激、民族自覺以及神道思想與國學思想興盛外， 特別的是此「同祖同源論」僅爲華夷思想中之一理論觀念，從未如其他南蠻、西戎、北狄一樣，與中國大陸連接，長期進行文化交流外，亦同時進行種族間之融合同化作用，是以依華夷思想中三種基本要件種族、文化、地域之別的情況下，日本在種族、地域上始終是獨立的，而文化方面則在千年薰陶下模倣「華」，而欲如「華」而取代之。是以從中華思想與日本思想之關係發展上看來，一方面可知華夷思想爲始作俑者，而日本思想「崇佛而斥佛」、「尊儒而排儒」，也就是繼所謂南北朝以來下層階級凌越上層階級的「下剋上」風潮之後，日本文化思想對中華思想「下剋上」之表現，以心態言之則又爲強烈自卑感所引發超強的自尊心。

是以，本書論述之宗旨便以山鹿素行《中朝事實》之「日本中華主義」爲出發點，試圖說明其思想之本質與中日思想之關連與影響。

# 第一章　德川時代儒教之勃興與思想界潮流概述

## 第一節　時代之課題

德川家康於 1603 年（慶長三年）任命爲征夷大將軍，繼承了織田信長、豐臣秀吉之偉業，而於江戶開創幕府，直到 1867 年「大政奉還」止，凡二百六十餘年，而此德川氏封建政權之二百餘年便爲日本史上所謂的德川時代或是江戶時代，而依歷史時代之區分則屬於近世時期。此一時期結束了自 1192 年以來所引發的「武」之爭伐，結束了百年戰國的黑暗時代而爲「文藝復興」時期，中世武家連年的殺伐，以及「應仁之亂」❶所導致的天下大亂、社會秩序崩潰，政治權威喪失殆盡、人心渙散。原本慰撫人心、安定人們精神力量之宗教——佛教亦在此「黑暗時代」面臨了戰國時代新興武士對佛教思想及佛教之指導地位提出了反面之質疑。和辻哲郎氏在其《日本倫理思想史》下卷中便做了以下之說明：

---

❶ 「應仁之亂」自西元 1467–1568 年信長入京，或 1573 年室町滅亡。

> 此空之哲學，（中略）六道輪廻、淨土往生之思想，在戰國時代，其影響力薄弱，甚且對其產生出反動之立場，新興之武士們已不同鎌倉時代之武士們怖畏地獄之責苦。因而釀成對來世報應「大笑」置之之態度。此則反應了新興武士們之間排除迷信之態度之表現❷。

而新興武士之代表織田信長更針對佛教僧侶之墮落加以攻擊❸，是以佛教地位之轉落，除了「空的思想」、「六道輪廻」、「往生淨土」等思想之不合實際現實社會需要外，僧侶們之墮落亦是使佛教地位一蹶不振之原因。隨著「武」的爭伐所帶來的社會秩序瓦解，政治權威崩潰與信仰之低迷等因素導致了日本文化史上「下剋上」❹之風潮。即使家康貴爲天下之霸主，仍然不可免於陷於「下剋上」的危機之中。因此如何斷絕「下剋上」之風潮，如何轉換戰國殺伐之人心就成了德川家康所面臨之時代的課題。對家康自身來說也是確保其支配者之地位，完成治國平天下之大業前所最需首先解決之題。關於「下剋上」之終結，在《日本思想史概論》中便有一段簡潔之描述，其云：

> 如何終結下剋上亦是戰國武將掌握的政治要訣。（中略）

❷ 和辻哲郎著，《日本倫理思想史》下卷，頁 350。

❸ 同❷，頁 345：「信長首先語及佛教僧侶之墮落」，以及頁 352：「只要關於道義，信長不斷的攻擊佛僧之墮落……」

❹ 相良亨等編著，《日本思想史の基礎知識》，頁 217：「『下剋上』一詞出自陰陽，鎌倉末期始頻出於文獻中，（中略）事實上欲追求實利，接近權利之人們之行動，不僅威脅到支配者，時而反叛集團一致之行動。」

家康靠主從情誼的結合之力，終於收天下之霸權於掌中。（中略）穩固二百五十年來德川氏的支配基礎，下剋上使自將軍始鎌倉以來之名家沒落，但因秀吉大受阻止，因三河武士情誼的結合之力打下了終止符。再建的武士社會、統一的日本，再畫然而為上下的身分秩序的社會❺。

以上說明了至家康，下剋上便做了一終結，重新建立武士社會、統一的日本以及上下身分秩序的社會。至於家康是如何轉換戰國以來的殺伐之氣、終止下剋上之風潮，應歸功於其採取「偃武修文」之治。這一點似乎是避了元朝以馬上取天下以馬上治天下之後塵，而以宋朝的文治爲本，然而不同的是，趙匡胤取得天下之後便杯酒釋兵權，解除武將之兵權而產生重文輕武之後遺症，而德川時代的武士們卻在「偃武修文」的政策下，一方面肯定其武士之職位，一方面使其接受文治教育，如此一來非但改變了武士殺伐之氣習，也爲德川政權奠定了穩定之基礎。而德川時代之武士教育便成爲後世主導日本歷史發展最大之原動力，其影響不可不謂深遠。

而關於德川家康以馬上取天下而不以馬上治天下之事，據《德川實紀》記載：

雖全以馬上得天下，然生來神聖之質，久知不可以馬上治之之理。常尊聖賢之道，斷言凡治天下國家，惟行人所以為人之道。此外別無他途，治世之始，屢助文道，因之世

❺ 石田一良編，《日本思想史概論》，頁 162–163。

> 上誤以為好文之主，耽於文雅風流者，頗不乏人❻。

此外，賴山陽在其《日本外史》〈以修禮文爲志〉中說明了家康獎勵學術之文教政策，其云：

> 家康素留意學術。捷於關原之年。即取經籍未刊行者。盡上之木。以修禮文為志。自讓職以來。益令天下購求遺書。引廷臣諳典故者。與林信勝等講究於前。日夕不倦。又招文學之士。無緇素皆禮重之。是歲親試以為政以德頌。將軍亦試草尚之風必偃賦❼。

依以上敍述，無疑的描述了家康在文事方面的獎勵，而在此文教政策下，能提供給德川家康治國平天下最完備的政治理論就非儒教學說莫屬了，而儒教之「君臣之義」、「上下尊卑之差」、「長幼之序」等理論自然成了安定家康封建政權、實施家康文教政策之基本原則，而朱子學之尊信者林羅山也就成了家康之御用學者。而儒教教說如何與封建政權緊密的結合在一起，堀勇雄氏解釋道：

> 封建的主從關係與士、農、工、商的身分制度與父子、夫婦、兄弟的關係同樣的被認為是天理，是聖人教之道，上下尊卑的社會秩序被說為是神聖的不可侵的。德川氏為首的封建社會的階級組織基於太極之理、天之道，故是永遠

---

❻ 九山眞男著，徐白、包滄瀾譯，《日本政治思想史研究》，頁 9。
❼ 賴山陽著，岡本優太郎解釋，《日本外史》，頁 314–315。

不滅的❽。

又云：

> 羅山之教說使道德規範與自然法則連絡貫通的合理主義的形而上，在德川政權的社會倫理，政治思想上可得見之點❾。

以上說明了儒教之人倫道德與德川時代社會倫理與政治思想是密不可分的。而儒教之所以能取代佛教之地位，其基本原由便是兩者的關懷不同，儒教是入世的，佛教是出世的，一是現實人間，一是極樂世界，一是社會倫常，一是諸相無常。而當亂世神秘的宗教無法再收服人心之時，人們便得面對現實，理性的以一社會倫常去規範、整治亂世，使其達到合理化，因此儒教之倫理綱常和名分論，便解決了家康當前所面臨的時代課題，而近世儒教也就此樹立其根基。

## 第二節　近世儒教之興起與影響

儒教傳入日本依記載是西元三、四世紀日本應神天皇十六年，較西元六世紀（西元 538 年）傳入之佛教要早得多，不過隨著佛教傳入日本之後，逐漸的佛教在政治上、思想上之勢力超越了早期的儒教思想。而日本學者三浦藤作認爲儒教中所倡導的

❽ 堀勇雄著，《林羅山》，頁 251。

❾ 同❽。

「易姓革命」與「禪讓政治」之類的革命思想對當時以氏族爲基礎的日本來說在根本思想上是不相契的，如其在《日本倫理學史》中云：

孟子中之易世革命、禪讓放伐思想，在以氏族制的社會組織的我國是沒有的，又此思想明白的與日本國民固有之道德思想不一致⑩。

因此，是否就是因儒教之「易姓革命」、「禪讓政治」、「湯武放伐」之思想理論與當時天皇、貴族們爲中心的氏族制度之政治目的不合，導致佛教勢力後來居上的呢？筆者以爲不盡然，因爲以當時之日本民族制度發展而言，這一類之問題似乎從未被提及，而七世紀初，被譽爲「日本古代一大偉人」之聖德太子，便於西元 604 年依儒、佛二教之理論制定了「十七條憲法」，而爲日本文化發展以及日本固有道德思想之根基。因此佛教勢力後來居上，應該不是儒教之革命說違背了日本固有的氏族制度或是日本固有的道德思想，而是因佛教本身是一種宗教信仰，而盛行於唐朝之佛教其威勢自然遠播日本，非但凌駕於儒教之上，日本根本之原始宗教信仰更是無法相提並論，因爲在上古的日本社會，儒教之理論是無法與佛教之宗教信仰抗衡的，是以儒教之興起就不得不待從宗教信仰的迷思中醒悟而步向一合理社會主義的機緣，而佛教之地位經戰國時代之摧殘已是一蹶不振，因而儒教才得以在此思想眞空的情況下興盛茁壯。

---

⑩ 三浦藤作著，《日本倫理學史》，頁 16。

再者，儒教之革命說「湯武放伐」之思想亦符合了家康在政治上的欲求，如眾所周知，奈良、平安朝時代爲政者天皇，貴族們政治權威之根據乃訴求於《古事記》、《日本書紀》中神話傳說所創造出來之政治地位。相對的，以武力奪得政權之武家除了武力以外絲毫沒有任何理論依據，而此正是武家政權自 1192 年源賴朝設立鎌倉幕府四百多年來不斷陷於爭伐之原因，也是武家政權出現「下剋上」之原因。

而前面所述儒教革命思想「湯武放伐」之所以合於家康現實政治上之欲求，那便是與討伐秀賴有關。一般說來，家康討伐秀賴原本乃屬於「下剋上」之舉動，然透過儒教「湯武放伐」革命說之解釋後，非但開脫了家康「下剋上」之罪名，也爲武家政權找到了存在的理論依據⓫。

關於儒教「湯武放伐」論之記載，《德川實紀》中便有家康問林羅山之「五項質問」，依《臺德院殿御實記》卷十九云：

> 當日，在大御所召林道春，垂問曾子、子貢之一貫（中略）以及湯武放伐之事，信勝詳論其理⓬。

而《林羅山文集》第三十一卷中亦詳載此事，其云：

> 曰，中與權皆有善惡，湯武以臣伐君，此雖惡亦善，所謂

---

⓫ 相良亨著，《近世日本における儒教運動の系譜》，頁 16：「武家不斷的追求作爲日本政治史支配者的存在根據，而以革命說爲根幹，言治國平天下之道的儒教，正應了武家精神的欲求。」

⓬ 堀勇雄著，《林羅山》，頁 159。

> 取逆守順，故不善不惡者中之極也。曰，春意異此。願得盡其辭。春以為，中者善也。（中略）湯武順天應人，未嘗有些許私欲，為天下之人除巨惡，豈雖惡亦善乎⓭。

如上述，家康如此關注於「湯武放伐」之革命說者，事實上與現實政治上討伐秀賴有關。因此，儒教之革命說自然成爲家康封建政權的存在根據。武家政權因此而爲日本政治支配者的同時，儒教亦爲日本政治乃至思想界主導之地位。因此上古時代儒教之不顯，筆者以爲並非因儒教之易世革命、禪讓放伐思想不合於氏族社會的日本國民道德思想。而是上古的日本氏族社會思想發展條件尚不及此。而儒教傳入甚早，在中日交通史上自然無法與後世傳入佛教的盛況相比。且佛教藝術、宗派、思想在唐朝之發展亦爲巔峯時期，此時中日交通亦是最熱絡，加上宗教傳播之力量等等因素，無疑的兩者會有一盛一衰之差異。而儒教取代衰退之佛教已是千年後的德川時代了。至於儒教興盛之原因，大致可歸納爲下述幾點:

一、君臣上下好學。

二、儒教的「上下君臣之義」、「尊卑之差」、「長幼有序」等倫理規範正合於封建秩序之社會秩序。

三、儒教之革命說爲家康武家政權存在之根據。

四、佛教非現實的「空」的理論已無法慰撫人心，而由較現世的理性的儒教取代，教養人民⓮。

---

⓭ 同⓬，頁 160。

⓮ 中山久四郎著，《日本文化と儒教》，頁 85-86。

如上所述，雖然說明了儒教興起之理由，然而並非一切毫無阻攔，因爲近世興起的新興儒教基本上乃以宋學爲基礎，因而遭到傳統朝廷明經博士之抵抗，關於此《德川實紀》中記述如下：

> 一年，道春於京都集諸生，講說新注之《論語》，聽衆由四方來集，門前如市。清原極﨟秀賢以奏禁中曰：我朝自古講經學非有勅許不可。而道春於閭巷私設講帷，且不遵漢唐之注疏，而用宋儒之新說，其罪不輕。朝議紛紛不定，乃請武家之旨，君（指家康）聞之曰：「聖人之道，卽人非學不行之道也。古注新注，各按所好，應廣行教諭世人。欲加以阻抑者，全係由秀賢由偏狹之心而生猜忌，可謂尤爲陋劣。」其評遂不得行而止⑮。（〈東照宮御實紀附錄〉卷二十二）

又卷七中云：

> 自此，信勝遂無忌憚，於洛中主張程朱之說，講讀經書。此乃本朝講程朱之學之濫觴也⑯。

由上述得知，儒學之興亦得力於家康之獎勵，同時也爲公開講學之濫觴，對教學之流傳有極大之影響。

以上除了說明近世新興儒教面對與傳統明經學問之間的抗爭外，另一值得注意的問題是，近世儒學乃以宋學爲基礎，而宋學

---

⑮ 丸山眞男著，徐白、包滄瀾譯，《日本政治思想史》，頁 13。
⑯ 同⑮。

之傳入又以「五山文學」爲媒介，因此以下便簡述近世儒學與佛教的「五山文學」之間的關連以及近世儒學在脫離「五山文學」成立近世封建教學後的特質。

「五山文學」原本乃屬佛教的、僧侶的學問，然而中國近世之儒學（宋明理學）在宋明二朝幾百年間，亦多滲入佛學之觀點，是以對佛之僧侶而言，研習宋明理學者亦大有人在，因此透過中日僧侶之往返，宋明理學便蘊孕於五山僧侶之中，而終靠五山僧侶之傳播而興盛。不過五山文學終究是屬於文學的範圍，而無法脫離文藝闡揚近世宋明理學，因而近世儒學之興盛便靠著一些神學家、哲學家、宗教家等將神道與哲學與政治融合後所開展出來的，依今中寬司的說法，他認爲：

> 伊勢的神道和吉田的神道，與宣賢兼良的朱子哲學巧妙的結合，但其思想體系卻未為藤原惺窩吸收，而經由建仁寺兩足院的林宗二、林海仙等有關宣賢學的系統的人物傳到林羅山，這說明此一系統的人物，不是政治思想家，便是學者或宗教家，而與從事政治性活動有關⑰。

以上說明了宋明理學經由僧侶亦傳入神道之後便顯現出兩種趨勢，即是除了宋明理與佛學結合外，亦與神道結合，而其代表人物即是藤原惺窩與林羅山，而藤原惺窩不但被譽爲日本近世儒學之始祖，對近世哲學的引介有不可沒之功勞外，對於神、儒兩者之結合首先提出說明，其在《千代本草》中云：

---

⑰ 蘇振申、劉崇稜譯，《日本歷史思想之發展》，頁 147。

> 日本之神道亦正我心，憐萬民，施慈悲為極意，堯舜之道亦以此為極意，在中國謂之儒道，在日本謂之神道，名變而心則一也⑱。

而羅山繼之更加強化神、儒之間的關係，如今中寬司所云：

> 江戶時代初期的哲學，特別是羅山學等在政治哲學上，通常被稱為朱子學派，惟其中大半含有神道哲學的理論⑲。

由上大致可知，近世儒學基本上便與佛、神道間存在著相當微妙而不可分之關係，不過雖由僧侶傳入，但最終卻靠著神道政治哲學家而發揚光大，林羅山便是此代表人物，由此可看出，日本近世儒學之特色，也就是它並非純粹中國近世儒學之翻版，而是將中國近世儒學根植於它們的神道系統之中，比方說將朱子哲學基礎的「無極而太極」用來解釋《古事記》、《日本書紀》中「混沌未分」、「天地未闢」等神話傳說，或是借朱子理氣二元論中之氣予與神格化而附會為《日本書紀》中最原始之神⑳，因此可知，近世儒學，尤其是朱子學之興起除了前述有其時代背景之需

---

⑱ 同⑮，頁 120。

⑲ 同⑰，頁 147。

⑳ 同⑰，頁144:「如衆所知在十三世紀初，傳入日本的朱子哲學，是建立在理氣二元論的自然與人生兩大哲學的巨大思想體系。雖然這一哲學日本人始終無法得到正確的理解，但其哲理在被翻譯成『混沌未分』、『心性』或『天』的形態才被理解的。(中略) 把『無極而太極』的朱子哲學基礎的先驗性用『混沌未分』、『天地未闢』等在《古事記》和《日本書紀》的開闢上所用的語彙來表現。」

求外，基於思想理念上更是與神道思想有其密不可分之關聯。而其影響之深遠亦不僅限於短短三百年之德川時代。

而宋學對德川時代之影響，《程朱哲學史論》中云：

> 特別是在我邦，為整個德川時代教育之根本主義。故約三百年間鎔鑄陶冶我國民性格的一大原動力者無非是宋學，試證之維新之際，堀河學派、蘐園學派殆未出勤王之士，而闇齋學派及水戶學派續續出勤王之士。由此觀之宋學主義之教育可謂與維新之大功業有力㉑。

由上段可知，儒教一方面爲家康樹立了支配體制之理論根據，但相反的也成了明治維新、大政奉還之原動力。這或許是家康始料未及之事吧，又值得注意的是，儒教教說雖在德川時代對社會教化之意義，以及在德川時代日本人的精神歷史上有極其重要之影響。然而這僅是正面之表現罷了。因爲在德川時代末期儒教亦遭受極大之反動與排擊，而其反動之勢力便來自於國學神道派。也就是說在早期儒教雖然取代了佛教與神道結合而爲掌握思想界霸權之儒家神道，但在德川後期興起之國學與神道結合而爲勢力龐大的國學神道之後，儒教也就一如佛教命運一樣被排斥了。而「狡兎死走狗烹」或許正是歷史現實的寫照吧！

---

㉑ 大江文城著，井上哲次郎序，《程朱哲學史論》，序頁2。

## 第三節 近世儒教之變貌

由歷史發展觀之，日本思想界之潮流事實上是佛教、儒教、神道、國學（洋學不論）等彼此之間所相互滲合而有佛教神道、儒教神道、國學神道之別，而此三者在相互融合以及排斥運作下而各起興衰。德川時代不但各說各派氣象萬千，且學派間彼此之對立與思想之抗爭更是顯而易見，而歸納言之，德川時代思想界之大勢，前期爲儒學；後期則爲國學（佛學、洋學不論），而此二者，不論是近世儒教之變貌或是國學之發展與神道都有極爲密切之關係。若能將此三者間之發展與關係做一說明，對於德川時代思想之發展與變動之方向定能有一概略性的了解。然因題旨有限，故僅以幾位儒者代表，如藤原惺窩、林羅山、山崎闇齋、山鹿素行等爲例，簡述近世儒教在佛教、神道間轉變之原因與方向。

藤原惺窩，原爲歌人定家之子孫，後爲五山僧侶，兼習宋學，開了近世儒學之風氣，關於此《德川實紀》中記云：

> 抑本邦自上代起，代代之博士，專用漢唐之注疏講說經籍，或以詩賦文章之末技為專門之徒甚多，至惺窩，始尊信宋之濂洛諸儒之說，以躬行實踐為主，遍行教導，世人方知宋學之醇正而有裨世道[22]。

肯定了儒學方面的貢獻，此外其在儒學的表現方面兼採濂洛諸儒

[22] 丸山眞男著，徐白、包滄瀾譯，《日本政治思想史研究》，頁 12。

之說，說明各學派之異同而兼容並蓄，如《惺窩先生文集》卷之十〈答林秀才〉中云：

紫陽（朱子）質篤實，而好邃密，後學不免有支離之弊，金谿（象山）質高明，而好簡易，後學不免有怪誕之弊。……人見其異，不見其同。同者何也，同是堯舜，同非桀紂，同尊孔孟，同排釋老。同天理為公，同人欲為私㉓。

以上精要的分析朱子、象山二人之特質及學派之優缺異同外，另一值得注意的是此中所云「同排釋老」，而藤原惺窩原屬五山僧侶，習宋儒之後是否亦主張排佛呢？《先哲叢談》卷之一：

釋承兌、靈山，共以才學自負。嘗戒惺窩曰：「吾子，初奉佛，今又歸儒，是棄真歸俗也。吾子何昧此義耶？」惺窩曰：「所謂真俗二諦，乃浮屠之說，而所謂俗，乃自謂也。夫戾天理廢人倫，何以謂之真乎？」二釋默然㉔。

又，林羅山〈惺窩先生行狀〉：

先生（惺窩）以為，我久從事釋氏，然心有疑，讀聖賢書，信而不疑，道果在茲，豈人倫之外乎。釋氏既絕仁種，又滅義理，是其所以為異端也㉕。

---

㉓ 《東洋思想》，頁 141。

㉔ 同㉒，頁 13。

㉕ 同㉔。

由上所述，可知後世對惺窩之看法，共同的是皆視其爲宋儒之始祖，爲歸儒排佛之先驅，然依今中寬司之看法認爲「惺窩學有過多的文學藝術性」，以及「林羅山編的〈惺窩先生行狀〉大書特書惺窩係於天正十九年（1591）離開相國寺作歸儒排佛之宣言」，但根據文祿二年（1593）惺窩的詩有「如翁眞個是心朋，佳句幸哉能及僧……」，仍自言僧外，亦對「老莊、佛之教化有充分之理解和同情」，以及附庸風雅，對宋學濂洛諸說兼容並蓄等等理由看來，提出了惺窩排佛之質疑㉖。

因此，若依《先哲叢談》中「棄眞歸俗」之論以及林羅山〈惺窩先生行狀〉中「我久從釋氏然有疑」和其〈答林秀才〉中「在中國謂之儒道，在日本謂之神道，名變而心則一也」對儒道之尊重以及對神道之關懷看來，明顯的已忽略了佛教之存在，然眾所周知的是宋學在五山僧侶的手中所抱持的是以佛說爲體，儒學爲用的儒佛不二說，而當儒、佛兩者分歧後，惺窩在宋學外加上國文學之修習便從儒佛不二之立場進而爲儒神調合之說，不過若依其在文學方面之修養，及本著原有佛門之精神和對宋儒兼容並蓄之態度觀之，其思想雖由佛轉儒，但態度上是否主張排佛則仍需有待更多之資料證明。

林羅山爲幕府官學之確立者，幼年時便有神童之名，十八歲時讀《論語集註》深表佩服而云：

> 於後世，能得六經之旨者程朱之學，然因今日異端邪說瀰漫，掩塞真相，故不得不盡力一排之㉗。

---

㉖ 蘇振申、劉崇稜譯，《日本歷史思想之發展》，頁 143。
㉗ 同❷，頁 143。

由此可知羅山早年非但傾心於朱子學，亦爲力主排佛論者，這一點可說是前所未見的，也是一般朱子學之通病，所謂「攻乎異端」，因之井上哲次郎批評爲「朱子精神之奴隸」。關於其弊病，《日本朱子學派之哲學》中云：

> 朱子學派，其中雖有幾多之分派，但洵屬單調，「Homogenize」（均質化）除敷陳述朱子之學說外，無復所為也。若大膽批評朱子之學說，或在其外開陳自己之創見，出此態度，則早已非朱子學派之人矣。苟欲為朱子學派之人，則不可不忠實崇奉朱子之學說，換言之，卽不得不為朱子精神之奴隸。是故，朱子學派之學說，不免有千篇一律之感㉘。

而林羅山因受知於家康爲幕府之御用學者「起朝儀，定律令」，爲幕府奠定了政治理論基礎，同時也爲朱子學奠定了官學之地位，而除了其在政治方面的表現外，在思想方面則爲極力排佛，主張神儒合一者，《林羅山文集》卷六十六〈隨筆〉「神儒一體論」中云：

> 我朝神國也，神道乃王道也，一自佛法興行後王道神道都擺却去。
>
> 或問神道與儒道如何別之，曰自我觀之理一而已矣，其為異耳，（中略）曰《日本紀神代書》與周子《太極圖說》相表裏否，曰我未知，嗚呼王道一變至於神道，神道一變

㉘ 同㉒，頁 25。

至於道，道吾所謂儒道也，非所謂外道也，外道也者佛道也㉙。

而羅山有關神道之著述尚有《本朝神社考》、《神道秘訣》、《神道傳授》等。因此基本上可說他是神道家、政治家以及思想家。

因此江戶時代之朱子學先是政治思想上的被利用，後是神道思想上的被附合，便形成了近世儒學之特質。在江戶前期所造成之思想之潮勢銳不可當，也蘊孕出無數之學者，然因時順勢，政治社會無時無刻不在演變，思想更是不斷的演化，因此學者們在面對「單調」的朱子學之時，亦不得不舖陳己見，而演生出「官學」、「私學」之分以及朱、王之外的古學派、復古神道派、水戶學派等，而各說各派之興盛卽爲近世儒學帶來空前之盛況，以純朱子學者自居的山崎闇齋爲例，其嘗自言：「倘學朱子而謬，則與朱子共謬，復何憾乎」，充分表現其願爲「朱子精神之奴隸」，事實上其原爲出身佛門之僧侶，在「還俗歸儒」樹立闇齋派之朱子學派後，其晚年更虔心於神道，後爲垂加流神道之始祖，卽爲所謂復古神道論者，關於其思想之轉換便引爲嘲諷之對象，伊藤仁齋、太宰春台曾評道：

闇齋厭僧歸儒，晚年主張神道，若此人長壽則為伴天連。（織田時代耶穌教士之稱）㉚

至於山鹿素行，其思想之轉換更可分爲六期，由儒釋道三者

㉙ 兒玉幸多編，《史料による日本の步み》，頁 191。

㉚ 《東洋思想》，頁 389。

合一而致力於朱子學，而後又反朱子提倡古學，再進而爲日本聖學主張「日本中華主義」，晚年則爲哲學的象數宇宙觀。而其一生之代表作《中朝事實》之主旨全爲闡明日本國體之自尊（詳後述），其雖非神道學者，然其國體尊崇論發展至最後與日本神道信仰之精神卻是殊途同歸，而其間之差異僅不過是一線之隔罷了。

除上述所舉之例以外，陽明學者熊澤蕃山亦倡日本水土說，後期的水戶學派學者會澤安亦大肆宣揚國體論，是以從起初至後期儒教之變貌愈演愈烈，其中雖有徂徠派打破儒神合習說，認爲「神道雖無其事，但鬼神應加崇敬。況生於我國，敬吾國之神，乃聖人之道之意也」[31]，基本上仍以聖人之意爲依歸，對神道仍視爲鬼神之道，而此句話之含意與孔子所謂「怪力亂神」、「敬鬼神而遠之」是一樣的。甚至於繼承徂徠學的太宰春臺更於《辨道書》中視神道爲「巫祝之道」，又云：

> 日本本來無道，近頃神道說者，盛言我國道之高妙，皆後世虛談妄說，日本無道之證據[32]。

又言「諸子百家、佛道、神道者不戴堯舜之道則不能立世」，因此發展到最後徂徠學派便演變爲「愚老不信釋迦，信仰聖人」，然而聖人道德之絕對性、純粹性對於當世政治社會道德之淪喪便面臨極大之考驗，以至於後期興起之國學者對當世儒道盛行卻充滿了虛僞矯情，以及儒者之追求名利和崇拜中華貶視日本之儒道

---

[31] 同[22]，頁 121。

[32] 《東洋思想》，頁 173。

產生了反動之思想。而國學神道派便利用此「把外來思想渡日以降當作衰世，主張古神道的復興㉝」，同時對於神道之解釋，儒教是以政治思想之立場，而國學古神道卻是以民族固有的信仰、宗教式的情懷做依歸。

由是觀之，儒教之變貌除了因政治思想立場之不同而轉變外，與神道信仰之間更是顯現著若卽若離之微妙關係，然最終終因國學神道之興起而沒落。最後終因信仰上的差異導致彼此間之對立，而儒學亦在國學神道後漸趨沒落了。若換另一角度言之，此期日本文化對外來中華文化之排斥應可視爲要求文化自主之一表現，而山鹿素行之《中朝事實》便是此中之代表，由是觀之，日本要求文化之自主性愈強，則相對的其排他性也愈強。

---

㉝ 同㉖，頁207。伊東多三郎在其《江戶時代後期的歷史思想》中云：「儒學系統的復古主義以爲歷史是根據倫理道德之隆替而爲治亂興亡的過程，與此相反的認爲是時局衰替轉而興起革新之氣運的國學復古主義是把外來思想渡日以降當作衰世，主張古神道的復興。古代的盛世必再復現，就歷史過程言，沒有認識中世的意義。此外，儒學系統復古主義的神道思想是基於儒學的政治思想來解釋，相反的，國學的古神道是民族固有的信仰，是宗教式的信奉。」

# 第二章　素行之求學過程與思想變革

## 第一節　素行武士之身分與其思想內容

如前所述，近世儒學以藤原惺窩爲開山始祖，使宋明理學成爲日本思想界之主導，使原本思想空乏，學問貧乏之日本研究學術風氣盛行，無論各學各派均大放異彩，而在此當代名儒輩出，學說派別眾說紛紜之下，素行依然脫穎而出，若比較其間思想內容之差異，自然突顯出素行學說之特性，最明顯的是，當時學術界「官學」以朱子學爲首，「私學」以陽明學爲主，可謂天下二分，非朱即王，而素行亦曾入林羅山之門，之後素行卻能在此天下二分且曾以朱子學爲宗之情況下提出古學，公然反對宋明理學，無異是給某些思想霸權者一個極大的震撼，之後又提倡「日本中華主義」，且爲武士道學派、山鹿流兵學之始祖，凡此種種無一不予後世深遠之影響，而最深具意味的便是素行獨特之學風，不受限於當世學派，進而脫卻外來思想之束縛而回歸傳統日本之道。這在當時學術界來說爲日本思想之自覺亦不爲過，是以若能了解素行一生求學之歷程以及其思想之變革，將不難看出日本思想之丕變非一朝一夕。而其求學之過程及思想之轉換與其武士之身分是密不可分的，是以在此首先對其武士之身分做一簡述。

素行在其自傳性《配所殘筆》中云：

> 我等今日生於武士之門❶。

又於《山鹿語類》中云：

> 我生於武士之家，嗣大夫之氏族，非農工商三民，天生我為士，此非天命夫❷。

由上所述卽明言其自身爲武士，而武士之身分，對素行來說無異是一種榮譽與責任之象徵。武士對當時封建社會來說除了爲四民士農工商之首外，肩負著治理與教育社會之重大責任。和辻哲郎博士在其《日本倫理思想史》下卷中云：

> 武士階級者今以武士確立支配，武士主要之職務移轉為政治方面。武士卽士大夫，不事生產僅統治，然為實現其統治之道，尊責任務也❸。

由上可知武士之任務便是實現「統治之道」，尤其值得注意的便是自武士專政幾百年來，強者爲王，敗者爲寇，全以武力強弱來

---

❶ 《全集》，第十二卷，頁 597。
❷ 《全集》，第七卷，頁 405。
❸ 和辻哲郎著，《日本倫理思想史》下卷，頁 270。

評斷勝負，而今江戶武士已由戰國武士轉為封建制度下士之階級，天下太平，已勿須以武力爭取地位，而由武力轉為文教，此固然與德川家康主政江戶政權以來實行「偃武修文」政策有關，亦不得不說是時勢使然，而尤其重要的是此武士之治道，又與儒家的政治理想相合，自然而然儒家思想便成了江戶時代武士思想之前導，而武士們精神理想之依歸亦自自然的依附於儒家理念之上。吾人由戴季陶先生《日本論》中對武士之論，便可得知，其云：

> 武士道這一種主張，要是用今天我們的思想來批評，最初的事實，不用說只是一種奴道，就是封建制度下面的食祿報國主義。至於山鹿素行大道寺友山那些講武士道內容的書，乃是在武士的關係加重，地位增高，已經形成了統治階級的時候，在武士道上面穿了儒家道德的衣服。……我們要注意的，就是由制度論的武士道，一進而為道德論的武士道，再進而為信仰論的武士道❹。

江戶時代武士，上有公卿、下有庶民，自然為整個時代之中堅，一方面為穩定封建社會之要因，一方面亦為推動革新之動力。而江戶武士之所以能穩定社會，又能推動革新，筆者以為誠如戴氏所云，江戶武士已由制度論一變而為道德論，再變而為信仰論的武士道有關。而此時所謂道德論的武士道，無異於以宋明理學說為主，而信仰論之武士道，則加入了日本傳統神道信仰而為之。

---

❹ 戴季陶著，《日本論》，頁 10。

事實上，縱觀整個江戶時代，不僅顯現出武士道之三變，在思想學說上亦爲由佛而儒而神，而相較之下又不難發現此思想之三變，亦即武士道三變之源由。

江戶時代由佛而儒而神之思想之變，與武士道三變，不僅僅是在江戶幕府至明治維新三百年內便可完成，仍須上尋其前緣，下探其後果，然因題旨所限，雖能略述其大概，亦是掛一漏萬，所幸者，江戶時代一大思想家山鹿素行之出身及其一生之歷程，思想學說之流變，正足以爲表現當代封建社會之特質，及當代思想之背景，學說流變之最好註解。因爲素行集武士、儒者、兵學者於一身，因此素行之學問基本上便是融合儒學與兵學，而又於其中衍生獨特之思想，是以以下便言歸正傳，討論其求學及思想之歷程，而關於素行思想之成長及發展階段，依堀勇雄氏之言則可分爲六期，如下：

第一期　訓詁的朱子學（約 6 歲至 21 歲）

第二期　四教一致（約 21 歲至 35 歲）

第三期　朱子學（約 35 歲至 41 歲）

第四期　中華聖學（約 41 歲至 45 歲）

第五期　日本聖學（約 45 歲至 54 歲）

第六期　象數的宇宙觀（約 54 歲至 64 歲）

依上分期可謂相當清晰，易於了解素行思想之轉換之步驟，同時堀氏又依此分期列一圖表，附上素行各期間主要之著作，及其學派之成立，如下：

| | 經　　學 | 兵　　學 |
|---|---|---|
| 第　一　期 | 訓詁的朱子學<br>（《四書諺解》） | 甲州流的軍法<br>（《兵法雄備集》） |
| 第　二　期 | 四　教　一　致<br>（《修身受用抄》） | 北條流的士法<br>（《兵法奧義集》） |
| 第　三　期 | 朱　子　學<br>（《修教要錄》、《治教要錄》） | 武教の確立<br>（《武教全書》、《武教本論》） |
| 第　四　期 | 古學シナ的聖學<br>（《山鹿語類》、《聖教要錄》） | 山鹿派の獨立 |
| 第　五　期 | 日本的聖學<br>（《中朝事實》） | 山鹿流の發展<br>（《武家事紀》、《七書疑義》） |
| 第　六　期 | 象數的宇宙觀<br>（《原源發機》） | 武教主義の完成<br>（《八規傳》） |

❺

由上表所列，可知在經學方面，重大的轉捩點在於第四及第五期，而此二期非但樹立素行獨特之學風，亦爲其思想之代表時期，其第四期代表著作爲《山鹿語類》及《聖教要錄》。第五期代表著作則爲《中朝事實》，而在此二期代表著作中所呈顯出素行之主張，可說是全然極端之對立，簡言之即中華聖學與日本聖學之對立，雖說是立場對象截然兩立，但若以其內容言之則屬相同，其間之異同則後述之。大致而言，依圖所示則第一期爲其求學過程，及奠定日後思想之基礎。第二期則爲素行依第一期所學，融合各派之說，自第三期起便開始對各思想批判之開端，先以朱子學爲宗，主張排佛，第四期則以中華聖學爲宗，而排朱

❺ 堀勇雄著，《山鹿素行》，頁 321。

子，第五期則以日本聖學爲宗而排中華聖學，第六期則爲素行哲學思想宇宙象數觀之源原發機之時期，由此不難看出，素行思想轉換之過程，及其對各思想之批判是由基礎開始，一層一層漸進向上推進的，另一方面也看得出是先由外學而後主內的。

總言之，素行一生思想之歷程先是融合儒學、佛學、神學以及老莊思想，而此龐雜思想體系、學說之間所存在思想的差異性與對立性，自然而然的在素行思想中呈現出矛盾與混亂。而爲了解決此差異思想所造成的矛盾與混淆，素行就不得不針對其各派教說之差異作一思想之批判，以化解因其混淆而產生之矛盾，進而做一思想之釐清，同時於前所述，江戶時代思想界的三變與武士道之三變，在素行思想成長歷程與其思想變革轉向之過程中亦可看出端倪。而時代思想之變數如此，素行思想之轉向如此，無怪乎素行能爲江戶時代思想界之代表。是以探究素行個人思想問題之所在，亦是當時代思想問題之所在，亦是日本思想史上問題之所在。

關於素行思想之內容，其根源所在，自然與其自六歲啟蒙以來，承儒、兵、神、國文學之各派師傳有深密之淵源。其在儒學方面師從林羅山，十八歲時便完成《四書諺解》之著作，兵學方面，二十一歲時便領受「兵法印可副狀」，同時完成《兵法神武雄備集》，除此之外又從光宥、坦齋等學習神道、和學之事，可謂系出名師，而又無所不學，將各家各派之思想學說盡悉納取。對於其學思之領域、視野來說頗爲豐富充實，然而各家學、各派思想之差異，與彼此間之對立與矛盾，同時也造成了素行思想從四教一致而否定佛教，又繼而否定朱子，又進而否定中華聖學，最後回歸到日本聖學之一連串坎坷、糾結的思想歷程，而此間之變革與轉向卻也是當時代思想體系之龐雜與矛盾之一反應。而身爲一時代之思想家，素行勢必爲其思想本身做一釐清，找尋其精神本源之依歸。

說到思想系統之龐雜與矛盾，從其師說對佛、儒、神三者所採取之態度便可一目了然。先是佛、儒關係之分裂，一般說來，中世思想與近世思想之主流，一爲佛教，一爲儒教，不過事實上宋明理儒學之傳入與興盛卻不得不歸功於五山僧侶們流傳之功，可惜的是佛教本身卻隨著室町、戰國之紛亂而衰微，而儒教卻因江戶封建制度之確立而大興。幾乎完全取代了佛教原有之政治勢力。不但如此，佛教之所以被排斥，其主因亦爲儒者之排佛。而排佛之儒者中又首推素行之師林羅山了，而其排斥佛教之外又進一步的主張儒家神道。《林羅山文集》卷六十六中云：

> 我朝神國也，神道乃王道也，一自佛法興行後，王道神道都擺卻去。
> 或問神道與儒道如何別之，曰自我觀之，理一而已矣，其為異耳（中略）曰《日本紀神代書》與周子《太極圖說》相表裏否，曰我未知，嗚呼王道一變至於神道，神道一變至於道，道吾所謂儒道也，非所謂外道也，外道也者佛道也❻。

由上引文，明顯得知林羅山對儒、佛、神三者所採取之立場乃爲斥佛爲外道，主張儒神合一之理論了。

---

❻ 兒玉幸多主編，《史料による日本の歩み》近世編，頁 197。

不過在兵學方面，素行師承景憲，北條二師之甲州流兵學，卻仍深受中世佛教思想之影響，氏長在其武學中多引佛說、禪語外，《士鑑用法》中亦云「空卻之理」❼，即足以說明兵學與佛學教理之間仍在者某種程度之關連。

除以上儒學與兵學兩者對佛教所採不同之態度以外，神道方面，素行之師光宥、坦齋兩人主張的是神佛合一思想，因此有趣的是，佛、儒、神、兵學四者之中，儒學（宋明理）、神道、兵學三者皆與佛教思想有深遠之影響，不過三者後來都走向排佛之命運，只是時間之先後、派別不同罷了。

而素行思想中，除了儒學、兵學、神學三者之間對佛教所採取不同之觀點外，儒學、兵學二者當中，亦同樣的出現了所謂中華思想與日本思想之分，也就是說，儒學所信奉的是對中華思想之尊崇，以林羅山爲例，其在《神武天皇論》中就支持皇祖泰伯說，也就是說認爲神話中之天孫降臨就是吳王泰伯之化身。然而另一方面，素行在兵學思想承傳方面之氏長的理論則確立兵學爲日本之流傳，如氏長在《乙中甲傳秘訣》中云：

> 此傳非始自甲州，乃神代以來名將所傳。

又於《天星傳口訣》中云：

> 當流日本流之事，應爰知❽。

---

❼ 堀勇雄著，《山鹿素行》，頁 79。

❽ 同❼，頁 81。

由上可知，北條氏兵學爲日本之教學。其兵學根本原理便是對天照大神之信仰之表現。氏長在兵學上雖混入佛教思想，但本質上以兵家神道自稱的日本思想，是以自《大星傳》後，日本兵學便與神道結合而爲中國兵學所無者。是以在儒學與兵學思想本質差異之下，無疑的造成了日後素行由中華聖學而至日本聖學之轉變，以及產生所謂國體論與華夷論兩者矛盾與對立之觀點。

由上觀之，造成素行思想之矛盾與對立是有其原因的，而這種矛盾現象之產生，不獨素行個人，亦是整個時代所面臨之現象。在時代劃分上有中世與近世之別，學術界有官學、私學之分，文化上有公家與武家之分，而後又有武士與町人文化之別，宗教上有佛與儒之對立，亦有儒與神道之對立，政治上有天皇制、幕府將軍制之不同，對外又有鎖國與開國，或是尊拜中華以及自國尊崇之差，由此似乎亦反應出德川時代特有之對立性、矛盾以及反動之現象。而中世公家思想與近世的武家思想之差異從素行師承之不同便可得知，素行在神道、和學方面傳自光宥、坦齋，所學的屬於中世的、公家的學問，形式亦屬於秘傳，然而素行之儒學傳自林羅山，卻是近世的、武家的學問，形式上否定了秘傳思想，主張自由的、正確的研究方法。再者就是兵學方面，雖打破了中世軍配術中的陰陽之類的迷信思想企圖走向近世合理學問體系，但仍殘留了中世佛教思想，同時也無法脫離秘傳之弊害，即使是林羅山也以儒道來解釋神話之神道說，主張神儒合一，否定中世神佛合習思想，批評中世神道秘傳傾向，但在其《神道傳授》中仍云：

> 神道者奧儀之秘也，……無冀他人之覰破❾。

由是觀之，林羅山自身亦犯了前後矛盾之癖。

因此，素行所處之時代背景，雖僅是單純的由中世武家邁入近世武家之過渡時期，卻是日本思想佛、儒、神、兵學等彼此間融合、滲雜、分離、清算，由近世而復古，由復古而排外，其間之複雜正如素行之思想歷程，先融合各派之說，而後由四教一致轉爲以朱子學爲中心，之後又排朱子學倡古學，之後又以日本聖學爲主提出日本中華主義。

以下便依堀氏之分期，敍述素行求學過程及思想之轉向。

## 第二節 素行的求學時代

關於素行幼年之啟蒙時期，依《略年譜》所載：

> 六歲至八歲之頃，四書、五經、七書等大致讀記❿。

又《配所殘筆》中記云：

> 自六歲起，承父命為學，因不才，漸至八歲，四書、五經、七書詩文之書，大致讀記⓫。

又《山鹿語類》門人序云：

---

❾ 同❼，頁 83 。

❿ 《山鹿素行全集》卷一，頁5。

⓫ 《全集》卷十二，頁 571。

六歲嗚學，十歲詩文殆熟⑫。

由上列引文可知，素行之啟蒙時期自六歲起，而此期所閱讀之書目包涵了經學、兵學、詩文各方面，其於《配所殘筆》中謙稱不才，但依其後來在學問方面之成就以及其思想之變革來看，即使其未有過人之才華也是下過相當之工夫的。

此後素行九歲時便由稻葉丹後守正勝之介紹而入林羅山之門爲入室弟子，《略年譜》寛永七年九歲之條：

依稻葉氏（丹後守）介紹，列羅山林道春之門⑬。

然而當時以素行一介浪人之子之身分要入幕府御用學者、官學之首林羅山之門，若非有小田原城主稻葉丹後守正勝之介紹是無法得其門而入的，是以在《略年譜》寛永七年九歲之條參考事項中便記云：

稻葉丹後守正勝為小田原城主，母春日局，與祖心尼為從兄妹，後為老中，其家中塚田左助與素行之父貞以友好而為素行盡力⑭。

至於祖心尼與正勝之關係如下：

---

⑫《全集》卷四，頁7。
⑬《全集》卷一，頁5。
⑭同⑬。

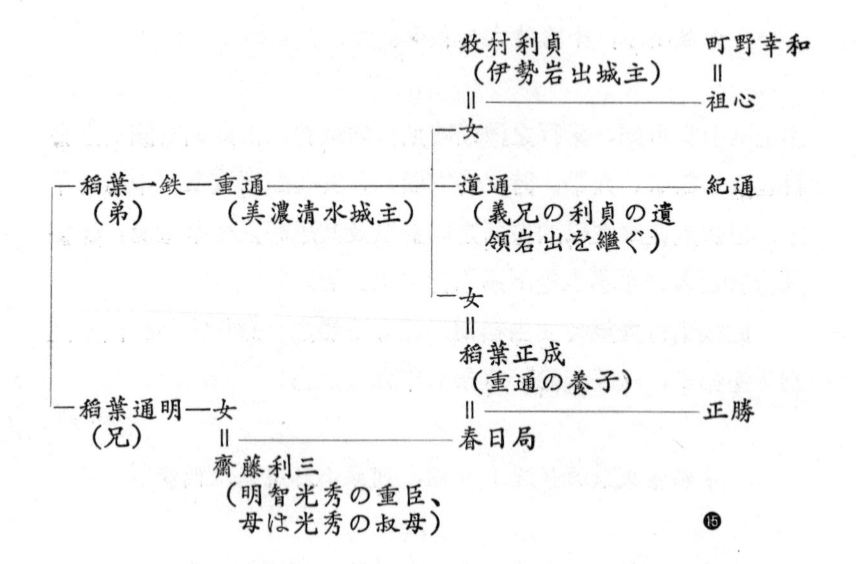


此外因素行之父貞以早年投靠町野家，頗受禮遇，是以素行自出生至六歲之間依推定當是寄寓町野家。由此關係素行才得以一介浪子而入學於林羅山之門。

而入門之時《配所殘筆》云：

> 道春，永喜在座，使讀《論語・序》，及無點唐本，後取山谷使讀，永喜云年少而能讀此亦屬奇特，然因師事鄉村學究，故點讀不佳⑯。

由引文中「年少而能讀此亦屬奇特」得知素行在道春永喜認可之下正式入門。而因點讀有異故十一歲前便將所讀改點，或直接讀

⑮ 堀勇雄著，《山鹿素行》，頁 32。
⑯ 同⑪。

無點之書。而跟此段《配所殘筆》記載有關的是素行在其自寫的《大學論語聞書》的〈積德堂書籍目錄〉中云：「《論語聞書》一册（予十三歲時書之，尤堪莞爾，唯示兒子）」，而原本《論語》封面上記：「《論語》，林子先生誦意，寛永十四星有丁丑。」而寛永十四時則素行十六歲，此外封面原有「□□法花集□溪先生誦意」，故此□溪先生概爲素行鄉村學究師父⑰。

而因素行早熟之天才，於寛永九年十一歲時便有松江城主堀尾山城守忠晴以二百石之祿欲聘素行，然其父以其神童之質更因勤於學問以便將來有更好出仕之條件而回絕堀尾之招聘。

此外素行於詩文上之表現，其在《配所殘筆》中云：

十四歲左右便精通詩文⑱。

而當飛鳥井大納言雅宣、烏丸大納言光廣以勅使、院使之身分來江戶時，素行亦蒙傳召贈答詩文，此外素行在十六、七歲（寛永十四、五）時便已寫有《埃藁集》之詩集，而若依素行在三十五歲時所寫《修教要錄》自序中：

予少從父命，强讀書，中期好記誦詞章⑲。

之引文看來，「中期好記誦詞章」概指此期。

除了詩文之外，儒書註解方面有《四書諺解》五十餘册，關

---

⑰ 同⑮，頁 133。

⑱ 同⑪，頁 572。

⑲ 《全集》卷二，頁9。

於內容方面，《山鹿語類》門人序中云：

先生述《四書諺解》五十餘册，大概宗羅山林道春之講意⑳。

由此可推定其內容方面皆以羅山、永喜口授爲基礎，之所以說「推定」，亦因其草稿皆毀於明曆三年大火之故。

此外在四書講釋方面，依《年譜》，十五歲時「始講《大學》」，《配所殘筆》中亦云：

十五歲之時初講釋《大學》，聽衆甚多㉑。

又《年譜》十九歲之條，素行因蒔田甫庵之請講《論語》，又因黑田源右衞門之請講《孟子》。

由上觀知，素行在此期求學過程中，在儒學內容方面僅爲林門儒學之承傳而已，不過此亦爲素行步向儒者獨立之道之開端。

除了儒學之外，關於素行和學的學習，從《配所殘筆》所記，可知於十四歲時便與飛鳥井、烏丸兩位贈答詩文。之後又云：

同年（十七歲）好歌學，至二十歲內《源氏物語》、《源氏秘訣》、《伊勢物語》、《大和物語》、《枕草子》、《萬葉集》、《百人一首三部抄》，至《三代集》、《廣田坦齋相傳》、《依之源氏私抄》、《萬葉枕草紙三代集》等

⑳ 同⑫。
㉑ 《全集》卷十二，頁 573。

等私抄注解，大致撰述。詠歌志深，年詠和歌千首。存仔細有之，其後捨置㉒。

又《山鹿語類》門人序云：

先生志詠歌，歌林良書，無所不學㉓。

由上引文所述，素行十七至二十歲之間好歌學且「詠歌志深，年詠和歌千首」，由此看來數量相當驚人，唯此時所詠之歌並未存留，所存者僅四十歲以後所詠之十五首和歌，且皆平淡無奇。至於爲何斷絕亦無明確之記載，依引文言之概「存仔細有之，其後捨置」之故吧，然若依其《聖教要錄》〈詩文〉一篇：

後之學作詩，巧言奇趣，其所言皆虛誕也，故詩人者天下之閑人，俟樂游宴之媒也㉔。

所言觀之，或許因受尊崇實學效用之立場，而以詩、歌爲玩物喪志之事而否定之，是以分析其因大致有二，其一或許是素行缺少藝術方面之才華及文人墨客之情趣，且其以儒學、兵學爲專，詠歌亦只屬附庸風雅，而非其一生之事業；其二是此時詠歌已非江戶時代武士藝事之主流，是故詠歌風氣不興，有者，亦多屬陳腔濫調㉕。

㉒ 同㉑，頁 574。
㉓ 同⑫。
㉔ 《全集》卷十一，頁 40。
㉕ 同⑮，頁 39。

而素行之後放棄才藝方面之研究走向儒學、兵學，對其個人而言亦可謂一明智之抉擇。

素行在此段求學過程中與其後流放赤穗，完成《中朝事實》之著作，唱導日本中華主義，轉換中華思想在日本思想史中所居領導地位有關的便是神學了。素行雖非神道學家，然《配所殘筆》中云：

> 十七歲之冬，高野按察院光宥法印傳受神道令，神代之卷者不及述，神道之秘傳令傳受。其後壯年（二十歲）有廣田坦齋，忌部氏之嫡流者有之，根本宗源之神道令相傳，其節忌部氏神道之口訣相傳，起書記錄證文，其中石出帶刀者，我承神書，坦齋死後，神書之事，帶刀事賴拙者㉖。

由此引文中可知，素行亦隨光宥、廣田習神道，而有趣的是，引文中提及石出帶刀「事賴拙者」，此處拙者，當素行之自謙，是以坦齋死後，帶刀便從素行學習神道，然而與素行同期，晚年創立垂加神道的朱子學者山崎闇齋，便曾從石出帶刀學習忌部流神道之事，由此觀之，闇齋豈不成了素行之徒孫輩了。

素行學習神道之事依《配所殘筆》所記於十七歲之時，從高野按察院光宥法印傳受神道之秘傳，而光宥之神道屬傳高野山之兩部習合神道。光宥本人屬高野山蓮華三昧院之學僧、眞言宗之碩學，接著又從坦齋學習神道，而廣田坦齋爲天太玉命之嫡流，

---

㉖ 同㉑，頁 573–574。

自稱本姓忌部，其從齋部廣成之《古語拾遺》、忌部正通之《神代口訣》，自號根本宗源神道，而欲與吉田家之元本宗源神道相對抗。基本上則是融合了神、儒、佛三教之思想，因此素行從光宥、坦齋二人所學之神道，其性質上應屬融合佛、儒、神三教思想之神道觀，不過值得注意的是，素行爲林羅山之入門弟子，因此對於林羅山排斥神佛合習而主張神儒合一的理當心地神道有所認識，同時透過林羅山對當時神道勢力最大之唯一神道（吉田神道）亦當有所認識㉗。

因此，在江戶神道思想界，不論是三教習合神道，或是佛家神道，或是儒家神道，或是純粹的唯一神道，對素行來說，其雖非神道家，自立一神道派，然而此時所吸收之神道的觀念，卻是其繼否定佛學、朱子學、中華聖學之最後的歸依。而這也是其由虛無而落實，由主外而主內之轉換過程之一表現吧。

至於素行在兵學方面所學，依《配所殘筆》所記，八歲便已讀七書，之後云：

> 我自幼弱，武藝軍法不怠，十五歲之時，逢尾畑勘兵衛殿、北條安房守殿，令稽古兵學修行，二十歲以內之門弟子中，未如我上座者，是則北條安房守殿頒與尾畑勘兵衛殿印免之狀。二十一歲時被頒與尾畑勘兵衛殿印可，殊更門第中無一人有此印可之副狀，筆者為高野按察院光宥亦在座，又其文中，於文而感其能勤，於武而歎其能修。噫有文事者必有武備，古文云，我亦云㉘。

㉗ 同⑮，頁 53。
㉘ 同⑪，頁 573。

由此看來，無疑的素行在兵學方面之學習在二十一歲之時，便已在同門中脫穎而出。另外值得一提的是，〈兵法印可副狀〉之筆者爲光宥，因此素行與尾畑、光宥之間的關係似乎正足以說明素行兵學與神道之關係。

同時素行於三十五歲之時確立了日本武士道之武教理論，可以說是承襲了二師之說加以發揮。早期促使兵法獨立化的即爲尾畑景憲，其云：

> 今儒者之輩，依經書之力以明漢字，猥為兵書之註釋，是國家之罪人也。兵法者術也。若不多年隨其門而學則不可得。縱雖孔孟，一旦若為軍將，必應隨兵家學之，雖併學兵學，疎經學時，間間違其理，故云文武兩道㉙。

由上可知尾畑強調兵學之獨立，而使兵學能脫離儒學，同時尾畑將中世軍法、軍配術轉換而爲近世之兵學，北條氏繼之將戰鬥之術進化或護持國家之大道。其於《士鑑用法》卷首便云：

> 夫軍法者士法也。

又云：

> 兵法者國家護持之作法，天下之大道也㉚。

㉙ 堀勇雄著，《山鹿素行》，頁 67。
㉚ 同㉙，頁 70。

由此可知北條之時便使軍法脫離戰術的狹隘範圍，而擴充爲士之法，爲士維護國家，天下大道之法。而依堀氏所歸納氏長兵學之特徵有六，約略如下：

一、兵學由戰術而爲教學，發展爲一思想體系。

二、兵學爲武士之教學。

三、以天照大神信仰爲基礎之兵家神道。

四、兵學爲日本之兵學，強調日本精神。

五、兵學爲實學，其於《乙中甲傳秘訣》中云：「僅博學之名，實行實事之才稀，墜聖學於塗炭，不應悲夫。」

六、採用西洋之科學㉛。

由上可知，素行承二師之影響是相當深遠的，除此之外，素行更使兵學由戰術改爲武士階級之政治學、倫理學，強化武士道之理論體系。而兵學與儒學能兩者同時獨立並存發展，同爲素行學之代表。有如《史記・孔子世家第十七》所云：「噫！有文章者必有武備」，也是「兵法印可副狀」所讚譽素行「於文而感其能勤，於武而歎其能修」之證明。

要言之，兵學之發展與理論之確立是經歷相當長的時期，而中世爲一宗教思想之世代，是以兵學者，充其量也僅附屬於神道信仰、佛教思想之中，是以當時所謂之兵法無非是與呪術、祈禱、結印、占星、卜筮等迷信相結合，因此要使兵學獨立，首先便須破除宗教上的迷信，將其從宗教迷信中解放出來。而除此之外，兵學之成立，同時也是提升武士地位之一種表現，而提升武士階級之方法又非與儒家之治道——倫理道德合一不可，是以兵

㉛ 同㉚，頁 73。

學依景憲獨立而爲文武兩道之一，又依氏長而爲「士法」，素行更以此與儒教理論結合而爲「士道」，將武士道理論體系化，強化了文武一致、道法一致、兵儒一致之思想。

而素行師出名門，加上其個人之天賦，因而成名相當的早，亦爲當時各大名佩服而競相邀聘。而當時與林羅山同門，同爲藤原惺窩之弟子而爲藤原惺窩門下四大天王之一的崛杏庵便曾爲素行之《兵法神武雄備集》做序，關於此《山鹿語類》門人序中云:

> 壬午之年二十一歲述《兵法雄備集》五十卷。杏庵正意，為序冠之，先生之名聲充世間[32]。

而堀杏庵在序中讚道:

> 今歷視此書，愈深愈遠，惟厚惟正，一卷益愈一卷。

又云:

> 就義目（素行）請書號，仍題曰《兵法神武雄備集》[33]。

由上堀杏庵對素行之讚譽，對於素行之聲望自然相對的提高，是以不乏各大名招聘求教之事，《山鹿語類》門人序記云:

> 紀伊源君亞相卿及管羽林各各以秩祿招之，前越州之牧久

[32] 《全集》卷四，頁7。
[33] 堀勇雄著，《山鹿素行》，頁 85。

> 松源定綱拔羣之人傑，遇先生談論每於席前，卒為師資之禮，或行教，或來學，其禮容尤重[34]。

而松平越中守定綱乃爲家康之異父兄弟松平定勝之子，長素行三十歲，被譽爲「兵法是尾畑勘兵衞殿印可之弟子、東海道第一御大名、人皆崇敬」之人物，而於五十五歲之年，心服素行之兵學自呈弟子誓狀，拜訪素行，贈答詩文[35]，是此可見素行在兵學上之地位。當然隨著素行在學界之聲望，因此也就一心一意的希望出仕幕府。一方面由祖心尼內面運動[36]，一方面由松平定綱安排，然而不幸的是家光於慶安四年去逝，同年松平定綱也相繼去逝，如此一來便使素行出仕幕府之希望破碎。而關於家光之死，素行於《年譜》慶安四年四月二十三日之條中記云：

> 御遺體移東叡山（上野），亥刻（午後十時）拜觀男女如堵，泣涕滂沱[37]。

---

[34] 同[32]。
[35] 同[33]，頁 89。
[36] 同[35]，頁 94。
[37] 祖心尼爲町野幸和之妻，五十五歲時入大奧，亦爲家光愛妾振の局之祖母，因素行與町野家關係良好，是以透過祖心尼之幫忙期待出仕幕府之機會。然却因家光薨而希望落空。堀勇雄《山鹿素行》，頁 93，列表如下：

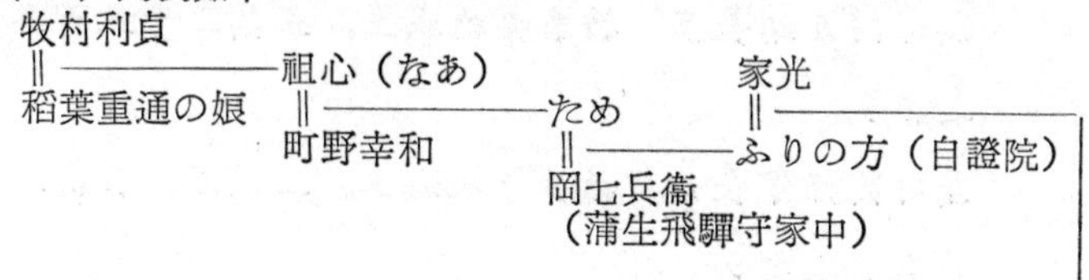

由此亦可想見素行當時之心境。

至於《山鹿語類》門人序中：

凡文、武，遊先生之門的列侯諸士稍感㊳。

而於素行三十一歲之前求教的大名們，堀氏列舉如下：

久世大和守廣之曾我丹波守古祐　下總關宿城主，五萬石，後為老中幕臣，河內食三千石，後為大坂町奉行。

板倉內膳正重矩　下野烏山城主，五萬石，從父重昌出陣島原之亂，後歷任京都所司代、老中。

島村十左衛門尉　豐前小倉城主小笠原忠真（十五萬石）之家老。

伊丹播磨守（藏人）勝長　勘定頭伊丹康勝之嫡子，一萬二千石。

大村因幡守純長　伊丹勝長四子，慶安四年繼肥前大村二萬七千石。

稻垣攝津守重種（重綱）　三河刈屋城主，二萬三千石。

丹羽左京大夫光重　陸奧二本松城主，十三萬石。

淺野內匠頭長直　播磨赤穗城主，五萬三千五百石，長矩之祖父。

淺野因幡守長治　備後三次城主，五萬石，長直從兄弟、長矩夫人之父。

---

㊳《全集》卷四，頁8。

淺野內記長澄（長賢）　長直養子，實父為松平玄蕃頭清昌。

戶田伊賀守（主膳）忠昌　當時三河田原城主一萬石，後為下總佐倉城主七萬一千石。

內藤彌三郎（若狹守重賴）　後進大坂城代，京都所司代任大和守，三萬三千石。

菅沼主水正定實（定治）　三河新城之地頭，一萬石，後任攝津守。

內藤左京亮義泰　陸奧岩城平城主，七萬石。

板倉市正重太　重昌之弟、重矩之叔父。

松浦肥前守鎮信　肥前平戶城主，六萬一千五百石。

本多修理亮忠將　近江膳所七萬石城主。

本多圖書頭忠良　忠將之弟。

松平志摩守信重　播磨明石城主，七萬石。

岩城左京亮重隆　出羽龜田城主，二萬石，後任伊予守。

稻垣重昭（藤三郎）　稻垣重種之孫，承應三年繼承家業任信濃守[39]。

又《全集》卷十五，頁 20 之〈兵法印可副狀〉全文：

夫軍法者人事之心性，、軍敗者軍法之骨骸，予（景憲）於軍法，修法性院大僧正機山（武田）信玄公之遺法，造頴積其工夫，旣其功成，知其正。於軍敗，當時放恣處士

[39] 堀勇雄著，《山鹿素行》，頁 90-92。

橫議，作有邪説暴行。知正道者幾希，是誣人充塞正道非哉。愚老（景憲）嘗從岡本半介，雖方傳寫訓閱集一部，遂一不究其學。故己眼未到分明時節。然猶足知其邪正、兹北條正房公（氏長）予於極深其軍法。又別知一首勝負。予則傳焉徹其理。貴殿（素行）自少年之古迄弱冠之今，朝鍛暮鍊旣究其軍法之餘，亦傳此法（勝負）。兩者（軍法與勝負）謂勤，於文感於其能勤，於武歎其能修。故染筆為軍書印可副狀與之。噫！有文章者必有武備，有武事者必有文備。古人云，吾亦云，珍珍重重。不宣。

寬永拾九壬午曆十月十八　　小幡勘兵衞尉

　　山鹿文三郎殿　　景憲在判

右之筆者為高野院按察院先住光宥

初免狀，筆者北條氏長

## 第三節　三教一致思想

關於素行三教一致之思想，從其《年譜》及《配所殘筆》中所記便可窺其大概，其於正保三年二十五歲之時「講釋莊子」，而於慶安四年三十歲之時講《莊子·齊物論》。而於此期思想之概況《配所殘筆》記云：

我等事自幼年迄壯年，勤朱子之學，依之其時我等述作之書，皆屬程朱之學，中時好老莊，以玄玄虛無為本，此時別貴佛法。逢諸五山之名知識，樂參學悟道，迄與隱元禪師相遇。然我等不器用之故，仕程朱之學而陷於持敬靜坐

> 之工夫，覺人品沈默，老、莊、禪作略較朱子學活達自由，性心之作用，天地一枚之妙用高明，何事亦以本心自性之所用，故無所滯，打破乾坤，萬代不變之理，惺惺洒落，無所存疑㊵。

由上段引文所述，此期素行對訓詁之朱子學與佛禪兩者之態度與感受是截然不同的。不難看出一者專於「持敬靜坐」、「人品沉默」，一者「心性高妙」、「活達自由」，而素行對老莊禪發於本心自性無所存疑。

再者，《山鹿語類》門人序記「壬辰三十一歲」之前之事則云：

> 先生間閒涵老莊之書，殆究其理㊶。

又於《修教要錄》自序中云：

> 予少從父命，强讀書。中時好記誦詞章，壯而謂嗜口理，好禪、樂老、莊、殆以三教為一致，以六經為糟粕㊷。

如上所記，素行自言此期「殆以三教爲一致」，而此期之所以如此自然是與其求學及師承有關，若此二期合算幾來則有三十年之久，也可說素行之前半生，及其思想之基礎之奠定卽於此。而關

㊵ 《全集》卷十二，頁 593–594。

㊶ 同上卷四，頁 8。

㊷ 同上卷二，頁 9–10。

於此期思想之內涵則可從其此期著述觀之，依素行《年譜》，此期著述有：《修身受用抄》（二十七歲）、《牧民忠告諺解》（二十九歲）、《式目家訓》、《兵法神武雄備集自得奥義》（三十歲）、《海道日記》（三十二歲）、《東山道日記》（三十三歲）等。以下則概述其大要。

《修身受用抄》卷首云：

> 凡讀萬卷之文，諳五車之書，不合天理之信實，不覺障明德之外務時，皆是務外也。孔、老、釋三教，記文字以達多聞之事，行其所學，各書物所未見。萬卷之書，僅知自性明德本體之基礎也，得魚則忘浮標，不合信實則學文不足用，然合心之本體之受用，唯依我心之信之深淺，徵品品受用之事，人有樣樣根機故也㊸。

由上引文「孔、老、釋三教，記文字，以達多聞之事」，便是明言此期三教一致之立場。一方面講求修身以求學文合乎天理信實，一方面強調受用在於自性明德之本體，明顯的融合了儒家外在修身以及佛老內在本體心性之說。

基本上此書之型式乃在簡易敍述日常修養的修身倫理之綱領。以自我修身爲目的，對象自然是與以當時一般武士訓示相呼應。依其跋及《年譜》乃「因友生之求」而著，惟不知此「友生」爲何人。而此著述思想雖以三教一致之宗，但因應用武士修身之上，故而爲素行武士道思想之出發點。

---

㊸ 同上卷一，頁 77。

《牧民忠告諺解》，乃素行對宋末元初人張養浩《牧民忠告》一書所做之詮釋。此《牧民忠告》流行於德川初期，四代將軍顧問，會津藩主保科正之即曾自費出版以寄贈各大名。故多爲當時學者們註釋，而素行亦依幕臣曾禰源左衞門吉次之求而註釋之。

《四庫全書》提要評《牧民忠告》云：

> 切實近理而不涉於迂濶，蓋養浩留心實政，舉所閱歷者著之，非講學家務為高論，可坐言而不可起行者也[44]。

而若從《牧民忠告》條目「省己」、「克性之偏」、「戒貪」、「民職不宜泛授」、「心誠愛民智無不及」等觀之，其內容即在闡述「牧民之道」，故明金克一跋云：

> 是書修己治民之道，纖悉具備，誠牧民者之龜鑑也[45]。

素行亦跋云：

> 張布孟所著牧民一書，牧令之人書紳銘心。今曾禰氏吉次丈監國家牧民之事、恤民勤本，公務之暇常翫味經史尤熟此書，且求予諺解，故焉為其抒大要，蓋牧民者，唯在察其本知其要，何依文字之著述夫，以略訓詁字解，專摘急務[46]。

[44] 景印文淵閣《四庫全書》第 602 册，《三事忠告》提要，頁 729。
[45] 《全集》卷一，頁 223。
[46] 同上，頁 224。

再者，素行於慶安四年三十歲之時完成了《式目家訓》，內容爲武士格言百條，爲武士道之綱領，故亦可視後著《武教小學》、《武教本論》、《士道士談》等著作之先驅。而其體裁倣《信玄家法》，著述目的則因邵康節之語，如序中云：

> 邵康節云：「上智之人不教而善，中品之人教而後善，下品之人教亦不善」，實此格言，今因邵子之語擧條目到百箇，正本末教先後。古人云：「知所先後則道近。」仍序[47]。

內容方面除列擧條目外，亦引古典出處，所引古書有《論語》、《近思錄》、《勸學古文》、《毛詩》、《孫子》、《中庸》、《六韜》、《文章軌範》、《左傳》、《書經》、《孟子》、《老子》、《從政名言》、《禮記》、《小學》、《史記》、《貞觀政要》、《大學》、《荀子》、《吳子》、《孝經》等。

如末條云：

> 就諸事，大丈夫之志不可失事。
> 富貴不能淫，貧賤不能移，威武不能屈，此之謂大丈夫（孟子）[48]。

最後素行於跋云：

---

[47] 同上，頁 229。
[48] 同上，頁 246。

> 式目家訓任筆端之所及示諭，唯為知家業之本末，勵日用之急務。若以一言以定之，僅以修身為本。故跋。
>
> 右依東常季 東常緣流 遠藤備前守 所望染筆。時慶安辛卯林鐘（六月）中旬[49]。

說明此乃依遠藤備前守之求而寫，主旨亦在說明武士日用修身之要。

素行於三十歲時完成的《兵法神武雄備集自得奧儀》，乃其繼二十一歲時完成的五十一卷《兵法神武雄備集》再加自序及自得奧儀。自序中云：「其論到兵源篇而後盡云云」，而此所謂「兵源」蓋指奧儀五篇中之第一篇〈陰陽兵源〉。而素行於〈奧義五篇自序〉云：

> 夫兵之用，黃帝起始傳其風后。本邦之始祖，自神武皇帝東征迨吉備真備，傳八陣九地之法，其用實為國之大事。然不知兵源則或好勇恃眾，或爭論利口入邪路之端，今世談兵之士成技術之說，假權謀之略，故舉之陷凶器不祥，噫、嗟歎夫，予竊取古人之意著論兵源並察機，結要等書凡五篇。務兵之用不知兵之本則深奇巧好利欲。索兵之源不知其流則馳虛遠忘下學，並不知微妙至善之要，故作說待後之君子。
>
> 時慶安星辛（慶安四年）卯，某月某日
>
> 後學山鹿義目肅書[50]

---

[49] 同上，頁 247。

[50] 同上，頁 567。

由此可知素行此書之旨乃在務兵之本，求兵之源，並云「竊取古人之意著」，基本上所謂「古人之意」乃混合老莊、佛、儒之思想以說明兵源之哲理。其所引古書有《老子》、《莊子》、《論語》、《孟子》、《孝經》、《大學》之外亦有《楞嚴經》。如其於〈陰陽兵源〉中云：

> 老子云：「無名者天地之始」，是之，於茲、寂然不動、清淨本然，無來者無去者。乃陰陽未分、天地未判。（中略）清濁相分則五行生動靜相對，水火相對，相分相對是謂兵源，無物之所則無對偶。無對偶則無敵，之謂無為[51]。

說明兵源乃因陰陽天地動靜、水火等相對相分之理而來，而無對偶則無敵則無為。又云：

> 莊子曰：「日以心鬪」是之，兵法至極之定論，萬代不易之議源[52]。

又云：

> 古今論兵之士，專殺略戰陣，故兵法陷一技之中。天下之間不出士農工商，士司農工商，士之至者帝王公侯，士之業曰兵法。若以兵法不盡修身正心治國平天下之道則兵法

---

[51] 同上，頁 573。
[52] 同上，頁 575。

> 不足用。古人曰:「內修文德外正武備云云。」今能到兵源之士，則一心無事而後明白萬般之用所。是聖賢所用之兵法至極之要論也。夫子曰:「克己歸禮則天下歸仁。」[53]

說明了士之地位乃治三民，士之至高可爲帝王公侯，而士之業爲兵法，企圖將士與兵合一卽文與武合一之意，而素行所謂「士之業曰兵法」與其師氏長「夫軍法者云士法也」之說相同，不過素行更強調武士之道與武士之兵法兩者之重要性，而加強了武士道之理論。是以其在〈道法兼備事〉一文中云:

> 道者一心之所用，心理之工夫，萬物之根源，不修此道則不知萬物之本，故其用所不自由。法者作法，有本則有法，不勤其法則欲至其極者不成。譬則猶如習藝術。傳得其之妙者道也。術得其之鍊者法也。（中略）云道云法者不可偏廢也。言行內外知行如一之所皆道法兼備之工夫。但道能修則法在其中。道為本法為末。應有本末一致之工夫[54]。

是故由上可知素行「道法兼備」、「本末一致」，卽是融合文武兩道，而其哲理之基礎則不出三教一致之立場，或爲宋學之遺緒。

繼此之後素行於承應元年應淺野家聘於第二年三十二歲之時離江戶至赤穗，而寫《海道日記》；然部分毀於明曆三年大火，

---

[53] 同上，頁 576。
[54] 同上，頁 576–577。

依序文成稿於明曆三年三十六歲之後所作。內容則屬遊記性質。序文中云：

> 昔癸巳（承應二年）之年秋八月旅，經東海道山陽達播州赤穗郡刈屋，翌年五月船漂西海遙，此次經東山道達江都。行來之間目觸心泊之所，任筆記其名所、地粧，但礙於世事捨置不去。過酉春（明曆三年）遭回祿，過半燒盡。雖重記但年衰，又命漂泊。曳尾堂旁擱筆[55]。

告知此書之經過。而遊記之中亦有漢詩數首，其中不乏遊覽名勝之風光以及騷人墨客之感，例舉如下：

〈鈴森〉一首云：

> 林中有石響泠然
> 遊泊遠人題一聯
> 吟蟬暗似送旅客
> 喞喞秋聲常攪眠[56]

又，〈題熱田宮〉一首云：

> 神日本武尊
> 洋洋乎似存
> 古宮依舊靜

---

[55] 同上，頁 265。
[56] 同上，頁 271。

華閣映波蜿
聞說蓬萊事
尋問道士言
謫客琵琶曲
對月語殘痕[57]

又〈重陽入京〉一首云：

節到重陽入洛京
路邊黃菊故園情
曾聞帝都名利地
塵上加塵心不平[58]

由上三首「遊泊」、「謫客」、「帝都」等外其他亦不乏「陳迹」、「荒廢」、「辱榮」等字句，令人讀後覺得其傷感之意甚深。此外素行何以接受淺野家之招聘亦發人省思，因爲在前述素行自幼便有神童之名以及名望漸重於諸大名之間，當正是意氣揚揚少年得志，何以若干年後出此感傷之作，推測其理蓋與其出仕幕府希望落空。是以繼慶安四年（素行三十歲）家光去逝之後，翌年便破例應淺野家之招聘，而其遊記、詩詞中便自然流露出漂泊不定、失意滿襟之作。

以上概爲素行三教一致思想時期之過程，一般而言成名甚早卻又受現實嚴重之打擊。而思想歷程並未停滯，反能更專注於坎坷之思想歷程，而不受現實功名之束縛，這或許是素行日後能不

---

[57] 同[45]，頁 315。
[58] 同[45]，頁 327。

顧名利得失，勇於批判現實、傳統師說之故吧！

## 第四節　朱子中心思想

如前所述，素行從求學、成名以至仕途落空而後漂泊失落之心境。最後便專心於學問之研究，明曆二年三十五歲之時便是其著作量最驚人之一年，此年完成之著作計有《修教要錄》、《武教要錄》、《手鏡要錄》、《治教要錄》、《武教小學》、《武教本論》、《武教全書》、《兵法或問》、《孫子句讀》、《賤嶽並諸戰記》、《日掇》等等，可謂其一生著作最充沛旺盛之一年，以性質而言，《修教要錄》、《治教要錄》爲此期經學之代表，《武教全書》、《武教本論》、《武教小學》則爲此期兵學之代表著作。而理論基本則以朱子學爲中心。

是以自素行三十五歲起，思想之轉換便傾向於朱子學，而朱子爲宋明理學之集大成者，以其爲首自是有所原由，然而朱子學除了爲素行樹立了實用道德說、確立了武教理論之基礎外，朱子之排異端之說亦爲引發素行思想不斷轉向之要因，是以以下大致從思想之轉換、異端之論、武教之確立三方面來敍說此期朱子學中心思想之過程。

### 思想之轉換

繼三教一致思想後，素行思想便以朱子學爲宗，朱子爲宋明理學之大成者，而宋明理學自五山僧侶相繼傳入日本，隨著時代之變遷，學術界原以佛爲主者在融入宋明理學之後，便由宋明理學中集大成之朱子以排異端爲號召，而視佛老如同水火禽獸排斥之。是以原本各派相通相融的學術思想，便產生出極端排斥異己之說，而此尤以朱子學爲甚。中國如此日本自然不例外，日本情況如此素行亦不例外，而素行思想之所以如此轉換，除受朱子學影響之外亦可從時代背景看之。素行所處之時代爲封建制度嚴明、身分秩序不可混淆之江戶時代，而行封建制度，在理論上所依據的便是儒家君臣上下、倫理道德之說，而素行自身以武士之身分，受與時代所付與之使命與責任，自是無法超脫「士」者，修、齊、治、平之政治理想與抱負，甚而素行更予與強化「士」之政治理想與現實社會配合。然而此政治理想與原則與佛老之說在朱子思想體系中，便已構成極端之對立與排斥，影響所及，素行亦倣效之，然而談及此朱子排佛老之說早有根源可尋，事實上，儒釋道三教之關係與發展，從秦漢以來之融合，到宋明理學之排佛老，其問題之癥結已由學說本質之差異，如佛之「去人欲」、道之「無爲」，與儒之「入世」觀引申爲道統之爭、異端之辨，而日本思想史上儒釋道三者，其發展路線至江戶時代亦可謂同出一轍，又因江戶時代宋明理學之發達，加上此期朱子學爲思想界之主流，因而大凡江戶時代墨守朱子學之思想家們，無一不闢佛老，從官學林羅山至山崎闇齋皆是，因而在此時代思想衝激下，素行雖早期承諸師說合三教一致。但轉入朱子學爲其思想中心後亦不得不「去意見」、「棄高遠」，亦步亦趨的體認「君臣之間」、「父子之際」之封建思想。而有關素行自三教一致轉爲排佛老以朱子學爲宗之轉換因由，《山鹿語類》門人序云：

先生聖學之志愈進，詩文詠歌之詞章。老莊、釋氏之異說、衆技小術皆非聖人之學，退而述，治教要錄三十一卷，修教要錄十卷，此書專以周、程、張、朱之學為宗[59]。

由上指出「老莊、釋氏」爲「異說、眾技小術皆非聖人之學」，是以「周程張朱」爲宗寫了《治教要錄》三十一卷以及《修教要錄》十卷。

《修教要錄》與《治教要錄》爲素行同年完成之姊妹作，乃依《大學》之修身、齊家、治國、平天下而分。《修教要錄》包括了修身、齊家並兼理論與實際。基本上以修身即學問爲立場。先論「道源」，而後論「學問」之本質，再以「力行」爲終。其於《修教要錄》自序中云：

學如何是的，以修身為的。修身之要在學問。學如何而修身也，以道體為本。道體者以天地為證，道體如何而至。以學問致知，致知如何而至實地乎，以力行為效。故致知力行者，學之始終也，道體者學之至善也，不得道源則下學而不知上達，其學術泥著形而下者固陋偏倚，塞蔀不通也。唯言道源而不究致知力行之功，則其學馳高遠而求心期悟、捉虛寂蹈虛空，而不能實地，故致知、力行、道源闕一則非聖學[60]。

由上說明了修身與學問之關係，以及聖學者非道源、學問、力行三者缺一不可。是以又云：

近來竊思、學是何，僅修身。以此體認身上時，始覺父子

[59] 《全集》卷四，頁8。
[60] 《全集》卷二，頁9。

> 之間、君臣之際，知不致、行不力，於茲去意見、棄高遠，近思則向所為皆放僻邪異，向所言皆背天惑人之言。故事物交接之則悖戾天地。是不明道源而知行易處。夫明道源之術，不在學問則其知不致。欲致其知則力行見其效。不得其效，則學問求致知，如此，道源遂明，且亦聖學之始終之所。故今以修身為的，以道源、學問、力行為三要，表題號修教要錄[61]。

一再的強調修身之重要。因此對老莊、佛之說乃悖戾天地事物之理，故要「去意見」、「棄高遠」，認爲以往所爲所言皆「放僻邪異」、「背天惑人」，因此致知、力行、明道源才能達聖學之終。是以此舉乃素行對早期三教一致思想首次提出異議，並加以清算。究其根本之契機便是緣於道釋主「虛無思想」、朱子則標榜「格物致知」之「實學」，前者純然以形而上之「道爲主」，講求「道」之高妙虛無不切實際，忽略了學問之目的在修身，而後齊家、治國、平天下之實效性。

至於修身之後，如何發揮運用呢，其於《治教要錄》便續談由實學之立場論治國平天下之政治學，體裁乃依宋學者眞西山所著《大學衍義》及明朝學者丘文莊《大學衍義補》做參考。關於此門人序云：

> 《治教要錄》之書，因似真、丘二氏之書。其趣向甚殊。其所著大概二書之要[62]。

---

[61] 同[60]，頁 10。

[62] 《全集》卷一，頁 351。

提及「其所著大概二書之要」，然「趣向甚殊」，是以接下面解釋「趣向甚殊」之因，其云：

> 本朝雖遠隔中華，其人質其風俗尤易教化、往昔律令、歷代格式雖略存、時異勢差、用之不足，況異域之治法乎，凡道因法而行，法因道而成，故先生考本朝之俗、賴中國之風、建法制事，各各擧其綱、提其領，斟酌二氏之書，增減其言，先後其說[63]。

又素行在其自序中亦云：

> 宋儒西山之真氏因《大學》衍其義，明儒瓊山丘氏因衍義補其說，皆論治平之要，綱領條目，謂體用全備。（中略）今竊因二儒之書，摘其嘉言善行，述治教要錄若干卷[64]。

以上說明了成此書之因，下則要說明號「治教」之因，其云：

> 三代之隆，猶司徒之職，設典樂之官，故治平之良法，皆依教成，應知教之重，是所以為號治教[65]。

是以此「治教」一語乃因「治平之良法，皆依教成」而來，至於其體裁如分〈治道〉、〈治法〉二篇，其述如下：

---

[63] 同[62]，頁 352。
[64] 同[62]，頁 353–354。
[65] 同[62]，頁 354。

其篇分〈治道〉、〈治法〉，〈治道〉其四目為正心、修身、力行、治道。〈治法〉其三目為君道、御下、風俗[66]。

最後分述其篇目之概要云：

治道、治法為體用，各各有本末先後。論體則必有用，謂用則必有體。聖學之始終也。謂體而不知用，知用而不知體者，異端之技術也。論一身之修正而不推天下之大則固陋而不全[67]。

試圖治道、治法體用合一以達聖學之始終，否則便是異端之術。至於帝王修身與帝王政治論之關係其又云：

古之帝王為治之要，一言應幾，所謂以修身為本，是也。為治之序，有次第節目，有先後緩急。所謂修身、齊家、治國、平天下，凡治有德有知，德為體、知為用、體用合一治始論[68]。

綜上所述，大概明了素行此期思想之立場與目標乃以大學之修、齊、治、平爲宗，而以格物致知、力行實學爲要，以別聖學、異端。

至於其聖學、異端之辨，其於《修教要錄》卷四〈異端〉篇

---

[66] 同[62]。頁 354。
[67] 同[62]。頁 354。
[68] 《全集》卷一，頁 353。

中就以先引中國古典先儒之說做緒說，後論「老莊」、「浮屠」、「陸學」、「王學」之差。而因其所引皆以中國典籍及儒家之說爲依歸，因此其排佛老之論調無異爲朱子排佛之延續，是以以下就簡述素行此期異端之論。

## 異端之論

至於排異端之說，在素行思想轉換中扮演著相當重要之角色，因爲基於此素行思想之歷程才會不斷的改變。因爲其所面臨的除了表示其思想的改變、學說的主張不同外，有一點很特殊的便是排斥其他的思想，而此種視其他思想爲「異端」之表現，直接原因便是受朱子學的影響，而間接的則與中華文化「道統之辨」、「華夷之別」有相當深刻的關連，甚至可以說其根源便是在「道統之辨」與「華夷之別」，素行在其《修教要錄》〈異端〉篇中首先引《易》上經〈同人卦象辭〉云：

> 易象曰，天與火同人，君子以類族辨物[69]。

後引各儒家之言，以成其說，如：

> 朱子曰，天在上而火炎上，其性同也。類族辨物者審異所以致同也[70]。

而後引〈詩序〉曰：

---

[69] 《全集》卷二，頁 494。

[70] 同[69]。

〈詩序〉曰，王道衰、禮義廢、政教失、國異政、家殊俗。

是以有禁異服異言、誅奇技淫巧、百工技藝皆常業、不敢爲習異端，然而異端一詞似乎最早出自《論語・爲政篇》：

子曰：攻乎異端，斯害也已。

之後，異端便引申爲非聖人之道而別爲異端者，是以先秦有孟子闢揚墨、秦漢以後則有韓愈、歐陽修、程、朱闢佛老。孟子曰：

聖王不作、諸侯放恣、處士橫議，楊朱墨翟之言盈天下，天下之言不歸楊則歸墨，楊氏為我，是無君也，墨氏兼愛，是無父也，無父無君，是禽獸也。

將楊墨比爲無父無君之禽獸，又云：

楊墨之道不熄、孔子之道不著，是邪說誣民，充塞仁義也。仁義充塞，則率獸食人，人將相食，吾為此懼。閑先聖之道，距楊墨、放淫辭、邪說者不得作，……孔子成春秋而亂臣賊子懼，詩云戎狄是膺、荊舒是懲，則莫我敢承、無父無君，是周公所膺也，我亦欲正人心、息邪說、距詖行、放淫辭，以承三聖者，予豈好辯哉，予不得已也，故曰能言距楊墨者，聖人之徒也㉑。

㉑ 同㊴，頁 502–503。另參宋眞德秀著《大學衍義》，四庫子部，頁 619。

以上乃《修教要錄》引述自《大學衍義》卷十三〈異端學術之差〉一篇。孟子之言不難看出孟子其護衞道統、排斥異端之心，所謂「聖人之徒必距楊墨」，清清楚楚的劃分了聖學、異端勢不兩立之界限，是以素行亦於《修教要錄》卷四〈異端〉，頁505，引《大學衍義》文讚曰：（景印文淵閣四庫全書第704冊，《大學衍義》卷十三，頁620）

> 蓋所以勉天下學者皆以闢異端扶正道為心，庶幾夫生人不淪胥於禽獸之類，此孟子之功不在禹下之所以也。

而素行排拒異端之勇氣與理論，蓋由此時所孕育，然事隔幾年之後素行便視朱子學爲異端，大唱中華孔孟聖人之道，而敢對當時官學，及陽明學派做一嚴厲之批判，雖免一死卻也遭流放之處分，而其立場之堅定有如《朱子語類》，頁232所記：

> 天下無二道，聖人無兩心，所以有我底著他底不得，有他底者我底不得。（《朱子語類》）

而朱子又豈料得到，其於《近思錄》〈辨異端〉，頁315之說：

> 楊墨之害甚於申韓，佛老之害，甚於楊墨。

最後朱子亦被後人視爲異端而排之呢！

是以在中國儒、道、釋各思想中，以儒學爲主流者，便以繼承聖學之道統自居，而非聖學者便爲異端，最後將道統偏限於狹隘的定義上，無論是「老莊」、「浮屠」、「陸學」、「王學」一一做批判，大體而言，儒釋之別在於華夷，韓愈所謂「佛者夷狄之一法耳」，而儒道之異在於道德之不同，韓愈所謂「道德云者合仁與義也，天下之公言也，老子所謂道德云者，去仁與義言之也，一人之私言也。」此外佛之「怖生死」、「輪廻果報」、「廢人倫」、「人世起滅皆爲幻妄」，與老子「有生於無」、「去仁義」、「以無事取天下」、「虛靜無爲」等等諸說，無一不被視爲異端之說，而陸王因佛老之說，故亦屬異端。

然而此種排斥異端之說，卻也造成了學術、學派界限分明，學者批判有失偏差、尖刻之敝。在此種聖學、異端極端對立，不斷排除異己的情況下，也就是何以素行之思想歷程不斷翻新轉換之因由吧！

## 武教之確立

素行此期以朱子學爲中心思想，標榜「實學」，一方面確立其經學之基礎，同時也運用在武教方面確立了武士道之理論基礎，將「士法」提升爲「武教」之階段。此時有關武教之著書有《武教全書》八卷、《武教要錄》六卷、《兵法或問》七卷、《手鏡要錄》二卷、《兵法要鏡錄》一卷、《武教三等錄》三卷、《孫子句讀》等等。要言之亦以朱子學爲本，加以組織整理綜合而成。而其中《武教小學》付於《武教全書》之前，同時與《武教本論》附於《武教要錄》之後，如素行在《武教本論》終跋云：

> 今以門人所輯錄之小學，予所述作之本論為一册，繫要錄第伍號，別集于茲，武教之始終悉矣。武不因教，則失日

用當然之理，豈扶成天威，為帝王之師乎，乃跋[72]。

如上，說明此兩者繫《要錄》之中外，同時說明「武不因教、則失日用當然之理」，一再加強「教」之重要，而其涵蓋層面則由「日用當然之理」至「帝王之師」。此二書影響當時武士社會極爲深刻，故亦爲武士道入門必讀之書，以下則單就此二者探討一下與朱子學之關係與其武教之內容。

《武教小學》乃素行三十五歲之時，由門人自講義中整理輯錄而成，其內容詳述日常生活之規範，雖未言及國體勤皇之事，但也爲後年《謫居童問》、《中朝事實》、《武家事紀》等名著之先驅。依其條目有「夙起夜寐」、「燕居」、「言語應對」、「行住坐臥」、「衣食居」、「財寶器物」、「飲食色欲」、「放鷹狩獵」、「與受」、「子孫教戒」等。其論說蓋亦以朱子小學爲宗，依門人序云：

有宋晦庵述作小學，而人生自八歲迄十四歲，教以灑掃應對進退之節，愛親敬長親友之倫，且以嘉言善行為終篇，其功偉哉。盛哉[73]。

由此「教以灑掃、應對、進退之節、愛親敬長、親友之倫」便可見其目的卽在規範武士日常生活——無疑的爲武士修身之說，如其於「夙起夜寐」篇首云：

凡爲士之法，先夙起而盥、漱櫛、正衣服，佩用具。

---

[72] 《全集》卷一，頁 563。
[73] 同[72]，頁 500。

能養平旦之氣，而體認君父之恩情，思量今日之家業，可觀身體髮膚受之父母，不敢毀傷孝之始也，立身行道揚名於後世，以顯父母，孝之終也[74]。

由上例可知其規範教條目之細，然而之所以如此「教」，自然是因與武士之天職有關，門人序云：

大農大工大商，為天下之三寶，士無農工商之業，而所以為三民之長者，無他，能修身正心，而治國平天下也[75]。

說明了武士之所以爲農工商之首者在於能修身正心，治國平天下。是以爲武士者，不得不教，除此天職外，亦因歎世俗武士素質差，故不得不教，門人序云：

然世遠人亡，鄉無善俗，世乏誠教，故或短衣蓬頭，而以怒臂按劔為俗，或深衣非服，而以記誦詩章為教，其過不及甚可歎息乎[76]。

由上「鄉無善俗」、「世乏誠教」，同時「記誦詩章爲教其過不及」，說明素行強調武教之外，同時也認爲以「記誦詩章」爲教之不當，也反應素行此期凡事以朱子思想爲宗，認爲詩詞玩以喪志之想法。如其在〈子孫教戒〉中云：

[74] 同上，頁 503。
[75] 同上，頁 500。
[76] 同上。

> ……言語皆以武義禮讓之節，使其精氣全、情欲寡、教以文學，然或陷記誦，或玩詞章，則忘倭俗，而欲漢樣，明道曰，凡百玩好，皆奪志，至於書札，一向好著，亦自喪志云云㊆。

指出文學、記誦詞章，等皆易奪志、喪志，由此不難看出朱子學對學問求道嚴肅的限制，也是素行對學問之心態表現。同時素行對於未出仕一途之看法如下：

> 士雖仕君、閑暇多、或不幸而未仕君、或父母早沒、及遠離，而不得朝夕之勤仕，燕居休暇之日多，則其志怠，而不慎家業，殆類禽獸矣。《大學》曰，小人閑居、而為不善、無所不至云云，故於閑居之士，不可無教戒㊇。(〈燕居〉)

認爲士若閒暇無教戒則類禽獸，由此亦可顯示出教條嚴肅的一面。基本上自從素行出仕願望落空之後，然從《年譜》中依然多次夢見出仕之吉兆，亦可見其於理想與現實間之矛盾與悲哀。

《武教小學》，綜其所述雖倣朱子小學、強調武教，爲此期思想代表之一，然不可忽視的是其所提出「忘倭俗、而欲漢樣」之語，素行於此期蓋已意識到「倭俗」與「漢樣」、「本土」與「外樣」之別。而此自覺意識亦當爲其後著《謫居童問》、《中朝事實》等之先驅。如其門人序云：

---

㊆ 《全集》卷一，頁 511。

㊇ 同上，頁 504。

> 然俗殊時變，倭俗之士所用尤泥著，則居闔國而慕異域之俗，或學禮義用異風，或為祭禮用異様，皆是不究理之誤也，學者為格物致知，而非為欲異國之俗也，況為士之道，其俗殆足用異俗乎，習之於幼穉之時，欲其習與智化，與心成之事者，誠先聖之實也，山鹿先生武教之垂戒，其教甚明也，於先生之門，欲學士之道者，必以此教為戒，其志何放逸乎，生知之質，上品之士，外様何足習乎❼❾。（後略）

至此「外様何足習乎」，可知其雖倣自中華卻云「外様何足習乎」即是爾後本土意識，自覺心態膨脹之發端。

至於《武教本論》亦屬同期之作，此書之目的如其自序，以爲以往云武者僅指兵法之技藝，但素行以爲武之眞意並非此低級之事，乃爲治國平天下之一方法。同時武士之教並兼文教及武教。是以先論武教之本，後言武力行使之要，再述教養之綱領，分上中下三篇，上篇爲〈大原〉，中篇爲〈主要〉，下篇爲〈戰略〉再於各篇分細目述之，關於〈大原〉、〈主要〉之理其於〈戰略〉中云：

> 凡大原主要者，皆武教之所因也，故主能要其本末，教下養民、詳練內外、糾察事、考其成否、以賞罰明之，則武教茲成，兵始可用❽⓿。

---

❼❾ 同上，頁 500。

❽⓿ 同上，頁 556。

至於本論著作之因，其自序云：

> 本論何為而作乎，為後學之嗜其末流也，古今談武、百餘家、其書其辭、或涉博文、或過省略、專論鬪戰詐術，而去神武甚遠，故陷兵家者流，為權謀技藝，噫上刑之說，尤有由乎，本朝國家之治平，近出武門，其為武，並兼文教，故武自有一家之說，噫武之為教可忽乎。夫武者，勇之所因，人未嘗無勇，不從教而學，則于猛于亂，其害是多，于教于學，不論本，則勞而無功，此三篇者，論本而悉用，能學能習，則大小精粗無不盡矣，後來同志之學徒，熟讀玩味，則久而知其有效乎[81]。

由上自序，素行言「其爲武，並兼文教」，同時說明「本朝國家之治平，近出武門」，一方面言武於國家治平之要，一方面言文武兼備，而非鬥戰詐術之流，是以素行亦稱此爲「神武」，標榜其神聖，由上序文末語「知其有效」之「效」字，可知其講究實效之表現，再者其在兵學歷程上本朱子學而創「武士」立教，即承前期「士法」而轉進爲「武教」，而「其爲武，並兼文教」亦是求文武合一，而「夫武者」當「從教而學」，由此可看出，此期素行兵學思想，在受朱子日用實學，修身道德之影響下，已脫離中世兵學之觀念，而將「術」與「道」合一，確立文武一致、兵儒合一之武教思想理論。

---

[81] 同上，頁 544。

## 第五節　中華聖學思想

以朱子學爲思想中心之時期，到了山鹿素行四十歲時便做了一了結，而於次年四十一歲時便因讀《近思錄》而對宋學起疑，依《略年譜》寬文二年八月十九日，四十一歲之條云：

> 讀近思錄，自此疑宋學，入古學之兆[82]。

又《配所殘筆》云：

> 寬文之初，我見漢、唐、宋、明學者之書，不審，直見周公、孔子之書，是為手本，云可正學問之道，自此不用後世之書物，晝夜勤讀聖人之書，初明聖學之道，定聖學之則[83]。

由上引文可知素行自四十一歲起便疑宋學，直到寬文五年四十四歲時《山鹿語類》、《聖教要錄》兩大代表作完成，到四十五歲，寬文六年因《聖教要錄》而獲流放赤穗止，蓋爲素行此聖學思想時期之範圍，雖僅五年之短，卻爲素行否定宋學之說，並對漢唐以來之學亦加以批判，轉爲提倡先秦以前周孔之道，並名之爲聖學之復古思想之表現。是以以下便就排宋學之因及復古聖學之內容做一介紹。

---

[82] 《全集》卷一，頁 28。

[83] 《全集》卷十二，頁 595。

如前所述素行在前期的朱子思想中心時代便對聖學與異端之間，烙下了勢不兩立，且以繼承道統爲職志之使命，然而何以在此時又否定朱子學視宋學爲異端呢？除上述《年譜》中提及因讀《近思錄》之故外，在《山鹿隨筆》寬文二年，「見近思錄」之條云：

> 八月十九日在宿，見近思錄，周子曰：「無極而太極」，予曰，易繫辭出太極生兩儀，無無極之言。周子始出無極之說，無極理而已，不云無聲無臭。然提携此無極之工夫則甘釋氏之心。應比邵氏、陽明之學。朱子亦論無極者太極之上只僅指一理。然云理與云無極又別。愚竊思之，孔子於易無無極之論。若論無極之道理不可則，周子之無極應比畫蛇添足。無指云無極之理，太極則天地同一體之理，此則理之太極。未極之前云有理之心，雖云而極，但有此理則此事有極，此事顯則有此理，天地之常也。非天地先立而有理，非理後天地顯。故雖以口云則云但云今日之上更無用所，例如人無事時為一重之工夫。此與佛見等，今夜自發，猶有工夫[84]。

由上引文，素行因發現周子《太極圖說》中「無極」一句，認爲《易・繫辭傳》中所無，孔子亦未言及，而此「無極」與釋氏之說類似，而認爲此乃周子之畫蛇添足之舉。事實上「無極」一詞見於老子《道德經》，而亦見於佛家圭峯宗密《原人論》中，同

[84] 《全集》卷十一，頁 421-422。

時關於「無極」，朱熹、陸象山自鵝湖會爭論以來，至今仍懸而未決，因牽涉甚廣，姑不論，不過可以肯定的是，可見，宋學雖以道統自居而視佛老爲異端，事實上卻已融入佛老之見而不自知，是以素行見此，亦斥此爲「與佛見等」，如此一來，在道統、異端嚴格劃分之下，宋學即步佛老之後塵，而被素行排於聖學之外，繼而孟子以下漢唐之學亦一一加以批判之。如《山鹿隨筆》〈難朱子之學風〉中云：

> 孔子慕周公，故孔子之道即周公之道。當時之學者雖云學孔子卻不知以周公為本。凡學者皆云心性、高上之工夫，以致靜坐練心為本。（中略）且儒者行五倫以有為本，且以治民正風俗為本，是亦孔子老年行諸國述道，孔門弟子皆治世保國之言，無練心性澄心之事。當時之學者乃儒者之佛者也[85]。

以上引文以孔子言行爲例，而認爲當視靜坐談心性之學者乃「儒者之佛者」。又其於〈虛遠之學〉中云：

> 今思，古之學者下學而上達，孔子於性心之事不論，曾子述大學其說精，子思於中庸殆論其本原，孟子論性心氣甚異。此時代學術漸衰皆到虛遠，問者答者皆如此，後世之類如斯，周子無極之說，此甚虛遠夫[86]。

---

[85] 同上，頁 396-397。

[86] 同上，頁 422-423。

由上述「孟子論心性氣甚異」以至「周子無極之說，此甚虛遠」，將異端之說、虛遠之學的範圍追溯至孟子。一反前期，認爲孟子於排異端有「此孟子之功所以不在禹下」之說，其因蓋與孟子言「吾善養吾浩然之氣」有關。素行於〈排靜坐〉中云：

> 自孟子平旦之氣、夜氣之論以來人皆好靜，或致靜坐之輩多。甚誤，程子常示靜云靜坐，為說人之紛擾，未必人人之事[87]。

由上《隨筆》中所記大概可知素行此期對聖學之看法，認爲「學者欲知聖學之本源異端之因」。

以下則就此其代表著作《山鹿語類》、《聖教要錄》分析此期思想之要。依《山鹿語類》門人序，素行否定程朱之學提倡聖學乃素行四十歲初。故寛文三年多，素行四十二歲之時，門人等相議將素行新學說之問答、說話、論文著手輯錄，而於寛文五年（素行四十四歲）時完成，至於最後之卷四十四、四十五之枕槐記則成於寛文六年。全書共四十五卷，自君道始，臣道，文子道、三倫談、士道、士談、聖學，而以〈枕槐記〉爲終。《山鹿語類》門人序云：

> 癸卯（寛文三年）先生之學日新，直以聖人為證，故漢唐宋明之諸儒其訓詁事論各各執用，其至聖學之的意，悉乖

---

[87] 同上，頁 434。

戾先生之志⑧⑧。

由上所述大致可知至寬文三年，素行轉向聖學之意大底完成，然因漢唐宋明諸儒之說皆與素行聖學之志乖戾，是以門人輯錄先生之語談，其云：

冬十一月門人等輯類，先生語談，其書皆因先儒之言以糾其道。乙巳書成⑧⑨。（寬文五年）

素行轉向聖學之舉，在其門弟子中頗受讚佩，而被捧爲二千載後繼承聖學之人。其云：

竊思，　先生垂迹本邦、崇周孔之道嗣不傳之統。所謂君臣、父子、兄弟、夫婦、朋友、修身、聖學之要道，二千載之後唯在先生之學⑨⓪。

而觀此讚譽之文，有如朱子稱揚周子：

得千聖以來不傳之秘⑨①。

至於此書中對聖學之見解，其於《山鹿語類》〈君道一〉論君德

⑧⑧《全集》卷四，頁8。
⑧⑨ 同上。
⑨⓪ 同上，頁9。
⑨①《周子全書》卷二，頁 33。

之學問中云：

> 人君之學，務何。唯天下國家之治平，達救博衆之學，是也。是云聖學。（中略）然若不究學之淵源、不深志天下之治平則皆陷俗學，好博文誇才藝，其猶玩詩文著述，唯口耳之學，況老莊虛無之見誤，佛者無常寂滅之違，道家神仙不老之說，是陷學者異端之道也[92]。

言明聖學俗學之別。同時其於聖學篇中更詳論聖學之要，與異端之誤，其云〈論異端〉中云：

> 師曰，異端之說夫子述之。孔子之時佛教未入中國，雖有老子其說未著。其所指示異端者所謂雜學也。雜學雖與聖人同師，但其源與聖人不同，是所以異端也[93]。

以上說明後世之儒雖師聖人但其源與聖人不同故爲雜學爲異端，是以其將儒家者流、道家者流、法家者流、兵家者流等皆視爲雜子。而後門人亦將此聖學篇精簡輯錄爲《聖教要錄》，是以以下就《聖教要錄》述之。而當此書成之時，其門人請曰：

> 此書可以秘可以崇，不可廣示於人，且排斥漢唐宋明之諸儒，是違天下之學者[94]。

---

[92] 《全集》卷四，頁 27。
[93] 《全集》卷九，頁 86。
[94] 《全集》卷十一，頁 33。

而素行答曰:

> 噫，小子不足謀，夫道者天下之道也，不可懷而藏之，可令充於天下行於萬世、一夫亦因此書起其志則贊化育也，君子有殺身以成仁，何秘吾言乎[95]。

表明了其斥異端立聖學堅定之意念。至於如何面對各派學者之反應，其云:

> 天下之人可以告、可以毀、可以辨，得其告其毀其辨、而改其過、道之大幸也[96]。

果不其然，此書一出非但震驚學界朝幕，同時也爲素行帶來流放之災。至於其遭人忌恨之言論，從其〈道統〉之中概可見其大概，其云:

> 伏義神農黄帝堯舜禹湯文武周公之十聖人，其德其知施天下，而萬世被其澤，及周衰天生仲尼，自生民以來，未有盛於孔子也。孔子沒而聖人之統殆盡，曾子子思孟子亦不可企望，漢唐之間，有欲當其任之徒，又於曾子子思孟子不可同口而談之，及宋周程張邵相續而起，聖人之學、至此大變，學者陽儒陰異端也。道統之傳，至宋竟泯沒，況陸王之徒不足算，唯朱元晦大功聖經，然不得超余流，噫

---

[95] 同上。
[96] 同上，頁 34。

> 道之託人行世皆在天，其孰强與於此乎。
>
> 孟子沒而後，儒士之學至宋三變，戰國法家縱横家，漢唐文學訓詁專門名家，宋理學心學也，自夫子沒至今，既向二千餘歲三變來，周孔之道陷意見、誣世惑民、口唱聖教，其所志，顏子之樂處，曾點之氣象也。習來世久，嗚呼命哉[97]。

如上文，非但云聖學之道統「孔子沒而聖人之統殆盡」，更云世之儒者皆「陽儒陰異端」，如此批判而招致當世學者之憤慨是理所當然的，更遑論以朱子學爲官學的當權派了。而其之所以斥朱子學，蓋因〈易有太極〉中對周子之批判，其云：

> 周子作太極圖，尤足起後學之惑，是不知聖人之道也，河出圖洛出書，各有自然之象，何以造設哉，周子以無極而三字冠太極之上，甚聖人之罪人，後學之異端也，太極之外別無無極，則其言贅也。太極之前有無極，則異端之說也，聖人之教唯日用而已，太極乃含蓄先後本末，至矣盡矣[98]。

如前述周子被朱子譽爲「得千年不傳之秘」而爲宋學之始祖，如今卻被素行貶爲「聖人之罪人」，斥其「無極」之說爲異端，無異的等於斥朱子學爲異端，而終因此言論而獲罪。然而此學術之言論卻引發爲政治彈壓對素行而言似乎是不公平的，因爲素行之

[97] 《全集》卷十一，頁 39。

[98] 同上，頁 53。

政治立場皆以武家政權爲出發點，因此根本上還是屬於學術界派系之紛爭，依《略年譜》寛文六年之條：

> 九月二十一日，門人石谷市右衛門來，傳老中板倉內膳正重矩之命。今年聖教要錄流布世，人以誹謗，且保科肥後守正之切怒之。（中略）
>
> 二十五日，本多對馬守忠將來報聖教要錄之罪公儀旣定[99]。

提及保科正之甚怒，而保科正之從山崎闇齋學朱子學，其受闇齋之影響於寛文三年領邑之內禁異色，異言，爲朱子學之尊信者，同時關於其事蹟，《土津靈神事實》中云：

> 十月三日，誣惑者山鹿甚五左衛門錮播州赤穗、是先、靈神（正之）謂老臣曰，當世造言者，是惑世誣民之賊也。嚴錮之，執政領是[100]。

同時，素行於保科正之死後第三年，延寶三年，五十四歲時獲釋，蓋保科正之爲主事者無疑。

另爲值得一提的是，《聖教要錄》爲儒學上之著作、批判當世儒者之誤，然而除了闇齋派之朱子學者保科正之採具體行動裁制素行外，其兵學之師北條氏長亦採積極對立之態度。關於此松宮觀山《士鑑用法直旨鈔》中云：

---

[99] 《全集》卷一，頁 35。

[100] 堀勇雄著，《山鹿素行》，頁 217-218。

> 門下素行子云者，……著《聖教要錄》始破宋學但仁齋、物徂徠二先生出其後，我國破宋學素行子其嚆矢也。氏長先生見不務實行，以逞奇智，責之絶交。當時會津侯正之朝臣信宋學，故憤其說，云以異端惑眾、訴官、有司以其言問氏長，先生對曰，人人所見不同，彼此各各一得。雖稱異端然不類天主教之傾國家。以其罪不深，有司依其言議，附赤穗侯，禁錮其國[101]。

是以其師氏長亦是關鍵人之一，何以在儒學的對立外又造成兵學的對立呢？其因蓋有二，依前述素行兵學師承氏長，然其理論乃融合佛老神之說而成之士法，單就此點即爲素行所貶的異端之中，又因其在儒學方面提倡聖學外，兵學亦建立了武教理論之系統而欲脫離師承，同時以當時一個浪人之身分其在儒學、兵學上之成就卻不下其師。或許在此類似背叛師門自立門戶之罪嫌下，氏長不但「責之絕交」，亦借此懲罰素行吧！《年譜》寬文六年之條云：

> 十月三日，未刻（午後二時），大目付北條安房守氏長以廣用招喚，即馬上赴北條邸，氏長傳公命，即因《聖教要錄》著作之罪貶播州赤穗[102]。

然而關於招喚將定以何罪，素行事先便抱著必死之決心，而留下辭世之遺書，載於《配所殘筆》之中，其云：

---

[101] 同上，頁 221-222。

[102] 《全集》卷一，頁 35-36。

蒙當二千歲之今，大明周公孔子之道，猶欲糺吾誤於天下開板聖教要錄之處，當時俗學腐儒，不修身不勤忠孝，況天下國家之用，聊不知之，故於吾書無一句之可論、無一言之可糺，或借權而貪利、或構讒而追蹤，世皆不知之，專任人口而傳虛不正實否，不詳其書、不究其理，强嘲書罪我，於茲我始安，我言之大道無疑，天下無辨之，夫罪我者罪周公孔子之道也，我可罪而道不可罪，罪聖人之道者，時政之誤也，古今天下之公論不可遁，凡知道之輩必逢天災，其先蹤尤多，乾坤倒覆、日月失光，唯怨生今世而殘時世之誤於末代，是臣之罪也，誠惶頓首。

十月三日　　　　　　　　　　　　山鹿甚五左衛門

北條安房守殿[103]

而此，無異於若被判死罪則與氏長之遺書。字字句句將其聖學之志、殺身以成仁悲愴之情表露無疑。更言「夫罪我者，罪周公孔子之道也」，無異自比周孔之傳人。雖然因此而獲罪，卻也因此正式脫離北條流自立山鹿流兵學，同時亦倡聖學而爲古學派之始祖。此對江戶儒學界不但開倡一新局面，亦扭轉了整個日本儒學史之傳統面貌。然而素行雖能掙脫朱子學之範圍，追溯古代中華聖人之學，突破現實宋明理學之瓶頸，造成復古之先聲，可是卻也落入以古典信仰爲依歸之窠臼之中。因爲其教學之態度，對古典絕對之信仰，較朱子學者、陽明學者有過之而不及。而素行對異端之說，亦較朱子尤甚，而《非徂徠學》中云：

---

[103] 《全集》卷十二，頁 589。

徂徠之教，以信聖為先，其意則美，然其為學，不欲知其信之所以，則何異老婆婆之信彌陀哉[104]。

以上雖是對徂徠古學之批評，卻也是素行學之缺失。

此外復古思想之歷程在素行思想轉換歷程中，因時期先後之不同，又出現了兩種截然不同之對象，也就是說雖然其復古精神之性質不變，但是對象上卻由中華聖學轉換到日本聖學。而此日本聖學乃繼中華聖學否定朱子學後對中華聖學之否定，而爲素行思想轉變之巔峯時期。

## 第六節　日本聖學思想

如前述，因《聖教要錄》而導致被貶，而此一事件之發生雖屬不幸，然而對素行而言卻又是不幸中之大幸，因爲此次之打擊非但未減低素行之信念與對學問之渴望，反而因此近十年的謫居，可以擺脫世俗之紛擾，名利之野心，而有充分時間與無限的自由專心於學問，努力著作，將其一生之精力投注此，使其思想之歷練達到巔峯，這與三十歲時因出仕幕府願望落空所導致的落魄與失意又是截然兩種不同之表現。

寬文六年（四十五歲）至延寶三年（五十四歲）之間爲素行近十年的謫居時代，此期雖屬禁錮，然妻兒均可同住，同時素行與淺野家關係非淺，雖名爲禁錮，實際上卻頗受禮遇，亦可與友來往書信。非但毫無壓迫與限制，反而生活上有極爲愜意的一面。

---

[104] 堀勇雄著，《山鹿素行》，頁 23。

《年譜》寛文九年三月十四之條云：

> 遊大石氏之茶亭，海棠之花盛開，艤龍船，短棹長歌及夜，酒盃狼藉。（《全集》卷十五，頁109。）

依上文辭所述「短棹長歌」、「酒盃狼藉」，頗似蘇子泛舟赤壁之情景。素行在此美好的環境下，一方面也努力著作，計有《四書句讀大全》、《謫居童問》、《中朝事實》、《謫居隨筆》、《二十一史人名並小傳》、《百結事類》、《武經七書諺義》、《日本國圖》、《武家事紀》、《武教余談》、《翰墨訓蒙》、《本朝古今戰略考》、《湖山常清公行實並哀辭》、《配所殘筆》、《家譜、年譜》、《七書要證》等等作品，大致而言，《四書句讀大全》，爲其四十六歲，謫居第二年之作品，立場上乃繼《聖教要錄》之信念，以求千載知亡以正世誤。依《略年譜》寛文六年十一月之條：

> 十日，自此日起先讀論語，將述句讀，翌年十一月遂成，《四書句讀大全》卽此，蓋《聖教要錄》之旨趣更加精細明確論之[105]。

此書依素行自記積德堂書籍目錄乃全漢文二十册之大著，亦爲素行經學說最詳盡之著作，然山鹿筆僅存三册素行自筆。而全書內容皆以經學爲基礎，同以探討朱子、陽明學之誤，如其在〈大學

[105] 《全集》卷一，頁 36。

讀法〉中云:

> 六經皆大學之明證，天下古今之學、天下古今之治，不出此經，不由此則治不善，出此外則為異端，學者之精力，盡在此經[106]。

此外主要的便是承前期破宋學之立場。如在《四書句讀》自序中云:

> 是漢、唐、宋、明諸儒喪志訓詁詞章之末，沈痼性心敬靜之遠，竟不得治人修己之實之所以，唯河南程子表章大學中庸以論孟序之。新安朱子，以章句集註行世，殆向千載，其聖門之功又不大哉，然其所本，起毫釐之差以至千里之謬，故其經解，未不無疑[107]。

雖云朱子有功於聖門，然其所本卻是「起毫釐之差以至千里之謬」。素行明此是以倡聖學，然而亦因此掀起被流放之風波，至於素行之心境除了〈辭世之遺書〉外，其於《四書句讀》自序中亦云:

> 愚生遠東海之濱，幸少得窺其藩籬，杳議中華之諸先輩，句讀聖賢之書，猶以方寸之木，使高出岑樓，不得已而以，無暇計人之非笑，後焉見者，庶幾爾我絕阿黨之意，

[106] 《全集》卷十一，頁 69。
[107] 《全集》卷十一，頁 64。

直證聖人之書[108]。

由此可見其意念之堅，與志向之深。同時其亦於〈大學語法〉中云：

訓詁字解尤從朱子之章句，至註聖學之大義，悉與程朱牴牾。某平生尊信二氏之說，近年得聖學之大義，亦據此文字言語，而今一旦背馳，心誠有所不忍[109]。

說明了訓詁字解雖從朱子，然聖學之大義卻與程朱牴牾。

素行完成《四書句讀大全》後，次年四十七歲時便又完成《謫居童問》，關於此其在卷末跋云：

戊申三冬之遙夜，童子在傍，問之難之，或再之或三之，以續秋蛙之餘吟，慰謫居之寥寥，終草焉，如脫藁，竢來日之潤色云。

寬文第八臘天日　山鹿子皤叟[110]

由上跋所述蓋於歲暮多完成，乃因童子磯谷義言（十二歲）之所問而答。全書共分七卷，一至四卷為「學問」，五至七卷為「治平」。大體而言「學問」中仍本著聖學、俗學、道統、異端之辨，除周孔聖人以下皆非聖學。然而除了論及中華道統、異端之辨外，亦引發了神道是否為異端之問，卷六末〈神道如何〉一篇

[108] 同上，頁 65–66。
[109] 同上，頁 71。
[110] 《全集》卷十二，頁 495。

中云:

問: 本朝自往古以來以神道為貴,是又異聖教乎。

答: 本朝往古之道,天子以之修身、治人,人臣以之輔君政國,乃神代之遺勅,天照大神至誠之神道也。當時所指神道皆事神之道,神職之所知也。上古司神職之人乃知朝廷之政故,云神職者云朝政,非二也。然神人一致更無差別,此故得事神之人乃天地之理不通則不合,故甚重神職,大臣兼是,是知禘之說者於天下也,其如示於斯乎,指其掌者應知此心。禘者則祭天之名,天下之大祭也。易以神道設教而天下服矣,是也[111]。

由上所答,可知其將神道,事神之事引申為天子修身治人,人臣輔君政國之事,二者合而為神人一致。更引《論語·八佾篇》第十一章「是知禘之說者於天下也,其如示於斯乎」,又引《易·觀卦彖辭》云:「易以神道設教而天下服矣」。企圖以《論語》、《易經》之說解釋神道之合理性,而後引日本古典神話傳說,其云:

往古之神勅云者,天照大神高皇產靈尊,崇養皇孫欲降以為豐葦原中國主,卽勅曰吾兒視此寶鏡猶當視吾,可與同床共,殿以為齋鏡[112]。

---

[111] 同上,頁 282。
[112] 同上,頁 282。

而後素行又以此「猶當視吾」四字解釋為「孝子順孫不改文祖之道之誡」，「乃大學之教在明明德四字，堯舜禹相傳允執厥中四字無異」，「是聖人之大教也」，明顯的將神道亦視為「聖人之大教」。同時又舉例說明「本朝（日本）之制與異朝大聖之立無異」，其云：

以此思之，本朝乃東方君子國，異國聖聖相續不異，順德院御記，禁中作法，先神事後他事云云，立諸官以神祇官為上，皆重宗廟社稷，是以都宮之制，右社稷左宗廟，君子將營宮室，宗廟為先，凡家造祭器為先，云同。周公制官，立春官、大宗伯司禮，禮有五，以吉禮為先，吉禮者事邦家之鬼神，示者卽此心，卽本朝之制，異朝大聖之立無異⑬。

如此，稱許日本為「東方君子國」，繼《武教小學》門人序中以中華為異域，開始了自我意識中以自我為「本朝」之表現。同時以順德院記：「先神事後他事」說明與異朝之「宗廟社稷」祭祠以「宗廟為先」相同。

最後素行又批評當世神道之怪異，「其不以聖人之道難信用也」，而素行予以另一種解說，其云：

（前略）竊按，天孫天降時，二神為左右之扶翼，是乃同後世左右相故，故神武東征之後天下一統，二神之孫，天

⑬ 同上，頁 283。

種子命，天富命又為左右。此時皇居神宮無差別，是如往古神勅，而天種子命專主祭祀之事，是乃朝政之儀。（中略）又按，上古之神道乃國家之朝政也。故執朝政之大臣乃帶之，皇居神宮相異之後，既立神祇官祭主，則神祇官祭主主神事之職掌，而非知朝政，故彼流所傳是神事祭禮祝詞祓等之祈禱奉幣之義也[114]。

說明自天孫以來皇居神宮無差別是以祭祀之事即朝政之儀，然而自第十代崇神天皇起，皇居神宮相分後，神職朝政亦相分。是以神祇官雖祭主主神事卻不知朝政。而此即當世神道所傳僅在「神事祭禮祝詞祓等之祈禱奉幣之義」之故也。接著素行本著「上古之神道乃國家之朝政」又云：

上古之神道者順天照大神之神勅安置御靈八咫鏡及草薙劔於大殿而修仁德比之玉之溫潤含蓄，明致其知，比諸鏡之照妍醜，由義權中，比諸劔之制斷宜果。故仁以守之、德以修之、智以致之、義以由之，則天下之大小精粗無不通，是乃上古之神道，而乃聖人之道，易所謂觀天之神道，而四時不忒，聖人以神道聖道而天下服矣也[115]。

試圖以天照大神所傳之「御靈八咫鏡」、「草薙劍」比爲「智」與「義」，而以玉之德修之、智以致之、義以由之。將「上古之神道」解釋爲「聖人之道」，同時引《易》所謂「觀天之神道，

[114] 同上，頁 284。
[115] 同上，頁 284–285。

而四時不忒，聖人以神道設教而天下服矣也」，將聖人、神道二者合一。最末其云：

> 愚謂，《易》所謂神道者，天地之妙陰陽不測之神道也。聖人觀之法天地，以立此教，是於觀卦所以言觀神道也。又案，夫如祭祀職掌，神道之事而不可傳庸人民間之道也。若傳諸於民間，則狎而易之，故人人必事奇怪，是索隱行怪，而聖人所不言也。凡正道廢而人不知之，故民間必設淫祠，以鳥獸草木之精為神，以鬼魅罔兩為神，故鰐魚得勢，蛇已得力，祈之則驗、汚之則禍，或登高山之上、或入澗壑之深，以崇鬼魅之精，為土地之神，四時時月相會以祭之，人民如此則鬼魅得力乘其虛，是乃上無道揆，下無法守，家家殊俗，邪說暴行之相承也[116]。

如上，以《易》之「天地之妙陰陽不測」解釋神道，因此必得由聖人行祭祀職掌神道之事，若傳云下民則將導致邪說暴行。以上爲例，素行此時研究學問之專注，已由對中華聖學之崇敬漸漸注意日本上古之神道，爲中華聖學之復古至日本聖學復古之發端。同時以中華聖學來解釋日本聖學。同時承「異端」之論後又出現了「本朝異朝」之異。將研究學問道統派別之「異端」論，擴充之國體立場上的「本朝異朝」之論，最後由自我自覺意識的膨脹引發民族自覺的過度誇大。而後有《中朝事實》之出現，如其於卷五〈本朝異朝政道之相違〉、〈周孔出本朝則政道如何〉、〈異

---

[116] 同上，頁 284。

國之俗〉、〈本朝異朝人物水土〉等中，無一不表現自我優越，強調本朝異朝之別，本朝水土之優，如其於〈本朝異朝政道之相違〉中云：

> 問：異朝之政道，本朝之政事相異乎？
>
> 答：其從水土人物異也，人物異時事之用皆不同，何一論哉，夫子亦襲水土，本朝五畿七道之風俗亦因其水土而異，況夫異國東西三千餘里之隔，不可同論也。王制云：中國戎夷……聖人之制如此，異朝有異朝之政，本朝有本朝之政，異朝之政雖好，然於本朝多難用[117]。

如上以水土人物之異說明本朝、異朝不可同論，而其理論之根據又出自於《中庸》第三十章〈夫子亦襲水土〉，以及〈王制〉云：「中國戎夷狄五方之民，皆有性也，不可推移。」又：「中國夷蠻戎，皆有安居和味宜服利用備器，五方之民，言語不通，嗜欲不同。」由此，似乎可以看出素行此期思想理論之來源便是源自前期中華聖學思想。如《中庸》所謂：「仲尼祖述堯舜憲章文武上律天時下襲水土」，而所謂「水土」者乃「因其一定之理皆兼內外該本末而言也」，又由「水土」說發展至「兼內外」、「該本末」，之後素行又以「周孔出本朝則政道如何」爲例，做一說明，其云：

> 問：周孔出本朝則行異朝之禮夫？

---

[117] 同上，頁 326。

答：若無周公，孔子則云其制法如此難知。然以其殘傳文獻徵之則云：禮，修其教不易其俗、齊其政不易其宜……。孔子於宋無章甫之冠，於魯著逢掖之衣，如此，生乎今之世反古之道。如此者裁及其身者也，居其國故異古今之風俗則裁必及。況夫本朝，異國水土遙異則雖聖人來，未易其俗而立其教不及論也[118]。

由上引文中素行又引〈王制篇〉「禮，修其教不易其俗、齊其政不易其宜」爲理論之依據，同時以孔子無章甫之冠，著逢掖之衣爲例說明日本與中華之異，因水土之遙異，雖聖人至日本也不可易其俗，立其教。這一點也可說是素行開始脫離中華聖學思想之證。基於以上思想之轉變，自然開始論及日本之優及異國之劣，如其在〈本朝異朝人物水土〉中讚日本之優云：

本朝海中獨立四時不違、五穀豐饒，往古聖神定此國為國中柱，稱豐葦原中國[119]。

說明水土、節候、物產之豐外又引《日本書紀》稱日本爲「豐葦原中國」，蓋爲日後素行稱日本爲「中國」、「中朝」、「中華」之前身吧！至於對中國、朝鮮，素行則不以爲然，其評中國之例如下：

自開闢至大明之間，天下易姓三十世。其間君臣無道、男

---

[118] 同上，頁 327-328。
[119] 同上，頁 333。

女無禮、財寶利祿之私……雖有大綱大義君臣父子，多子弑父、臣弑君、剩戎狄奪天下[120]。

又，其評朝鮮云：

朝鮮昔武王封箕子之地也，其國，始土地小，人民少，風俗淳。箕子制八條之教也。其後……號朝鮮。然其王國二度、易姓四度，其俗甚陋隘，尤信釋氏，王之子弟必為僧，信鬼神巫史不知聖經[121]。

由上對中國及朝鮮之批判可謂相當尖酸刻薄，失去理性。爲了標榜日本之優而不顧一切的貶損他國。而在此心態下其又以倭寇爲日本勇武之表現，其云：

況講武用兵之道，四海之間本朝相並不處，異國尤恐本朝，邊戍之戒防以我（日本）第一，大明洪武帝祖訓末代垂大明之敎戒，有不通日本者，恐勇武也。[122]

由上文明顯的顯示出素行脫出學說異端，正統之立場而落入偏狹的民族優劣情感之囹圄之中。而在此排斥「異」之偏差下，素行終於又於次年四十八歲之時，完成此期代表之作，亦爲其一生最重要、最出名，以及影響後世最深遠之《中朝事實》一書。

---

[120] 同上，頁 331。
[121] 同上，頁 332。
[122] 同上，頁 335。

如前所述，素行思想學說之轉換總有其因由，無論是棄佛老崇朱子，亦或是否定宋儒尊周孔，基本上還是中華思想以及學說範圍之內，只不過學說派別不同，古今之異。而今《中朝事實》所倡導的卻是否定中華肯定日本，範圍已由學術轉向民族情結，強調內外之分，水土之異，而此水土說事實上前已述及，其理論依據無疑的也是受中國儒家理論之影響。不過儒家強調的「自覺性」、「異端論」在「上律天時下襲水土」之水土說的理論下，在日本就演變成「日本中華主義」，欲排中華而自居，由此觀之，素行之說只不過是藉彼之矛攻彼之盾以成其說，以暢其日本優異之快罷了。而暢此說的不獨素行一人，同期的就有陽明學者熊澤蕃山的水土說，以及朱子學者山崎闇齋的假想敵說，其云：

> 若彼國以孔子為大將孟子為副將，率騎數萬來攻我國，吾黨學孔孟之道者以如何態度對之。

由上例可知，古學派之山鹿素行如此，陽明派之熊澤蕃山如此，朱子學之山崎闇齋亦如此。更遑論後期的國學者，神道家們強烈排外崇己之反動思想了，而在政治表現方面，此期江戶實施鎖國政治，不能說不含有排外思想的成分在內。由此亦可看出思想與政治的一致性。以下則就《中朝事實》一書做一介紹。

關於《中朝事實》之著述，其在《配所殘筆》中云：

> 我等自以前僅異朝之書物日夜勤讀，故近年新渡書物不知，十幾年前自異朝渡來書物，大致令一讀之，依之不覺異朝之事諸事皆宜，本朝小國故何事皆不及異朝，聖人亦

出自異朝，此期不限我等，古今學者皆如是，慕異朝，近期初知此誤，信耳而不信目、棄近而取遠事，不及是非，實學者之痛病，詳中朝事實而記之[123]。

以上素行指出當世古今學者之通病——「慕異朝」，同時也就素行對其自身思想歷程做一個反省，否定素行前期之思想而企圖加以修正此誤，因而寫了《中朝事實》一書。

《中朝事實》完成於寬文九年多天，素行四十八歲之時，乃赤穗謫居中所作，序文則於同年除夕前二天完成，如其所寫「寬文第九己酉除日之前二，涉筆於播陽之謫所」，此書於十餘年後便有木刻版本流世，之後乃木將軍亦嘗自費版刻供皇太子殿下、皇子殿下閱覽，而廣於流傳，其對鼓吹日本民族自覺自大，以及武士教育方面作用極大。首先，其於自序文中云：

恒覩蒼海之無窮者，不知其大；常居原野之無畦者，不識其廣。是久而狃也，豈唯海野乎？愚生　中華文明之土，未知其美，專嗜外朝之經典，嘐嘐慕其人物，何其放心乎？何其喪志乎？抑好奇乎？將尚異乎？夫　中國之水土，卓爾於萬邦，而人物精秀于八紘，故　神明之洋洋，聖治之緜緜，煥乎文物，赫乎武德，以可比天壤也。今歲謹欲紀　皇統武家之實事，奈睡課之煩，繙閱之乏，冬十一月小寒後八日，先編　皇統之小册，令兒童誦焉，不忘其本，未知武家之實紀，其成在奚日[124]。

---

[123] 《全集》卷十二，頁 591-592。

[124] 《全集》卷十三，頁 226。

由以上短短的百五十字之短文，便已言出此書主要精神所在。如前所述，素行幼年卽學漢學，熱心研究中國學問，典章文物制度等等，然此書中所言卻反其道而行，其云：「生中華（指日本）文明之土，不知其美，專嗜外朝之經典，嘐嘐慕其人物」，自覺崇拜外國而忽略自國的根本錯誤，指出外國崇拜純屬「放心」、「喪志」、「好奇尙異」之表態。進而誇耀日本水土優於全世界，日本人物亦優於全世界，因而日本應稱中國、中華、中朝，一言以蔽之，日本之水土、人物、又皇統之文治、武德爲世界無以倫比之優秀國家，因此素行告誡後生，不要陷於崇拜外國文化之通病，特別提醒「不忘其本」。試思之，何以如此兩種極端截然不同之態度，一定要強調己優他劣呢？或許就如素行於《配所殘筆》中所述，因長久以來中華文化輸入日本之後，古今之學者皆以外國諸事皆宜，日本爲小國故凡事皆不及，偉人亦出自外國。而此長期以往便引發對自國文化喪失信心，同時在相較之下也連帶產生自卑之心理。而素行強烈意識到此信心之危機，而在強烈自卑心態下引發超強的自尊心，而此影響所及不獨素行學說之轉換，不獨日本儒學史爲之一新，不獨日本思想界出現了異數，也深遠的影響了中日關係地位之轉換。而此《中朝事實》成書之時期，對素行一生際遇而言，也是處於失意、困頓、低潮的謫居時代，而其成就卻又是素行對其自身學問、思想做一總決算，而使其成名一世，而其透過對外來文化，做一文化上反省功夫外，也積極的肯定自我文化、探索自身文化之根源。而德川時代的學者們，對日本自身文化之探求與復歸，已不單是學問上之研究，而是負著日本人精神依歸的神聖使命。不論是古學派、朱子學派、陽明學派、復古神道派、水戶學派、國學派無一不存此理念，因而不論是保守、過激、強、弱，其理念是共通的一致的，也就是說日本中心主義在德川時代爲思想界之一大主流。而素行卽爲此思想之先驅。如前所言，《聖教要錄》開拓了日本儒學史上新的境地，而《中朝事實》給予日本精神思想上劃時代之意義。一言以蔽之，卽一民族對自身文化之自覺，也象徵了自身文化之獨立。因此也難怪江戶時代被稱爲日本文化獨立時期了。以下就以「復古之精神」與「日本中朝主義」二點來探究《中朝事實》一書之內容與意義。

《中朝事實》全書以漢文書寫，分上下二卷。皇統爲其卷名，前有自序，後有跋文與中朝事實附錄。其大綱大致如下：

上卷皇統

一、〈天先章〉（論天地生成之義）

二、〈中國章〉（論水土之規制）

三、〈皇統章〉（論皇統之無窮）

四、〈神器章〉（論寶器之實）

五、〈神教章〉（致教學之淵源）

六、〈神治章〉（論治道之要）

七、〈神知章〉（論知人之道）

下卷皇統

一、〈聖政章〉（論政教之道）

二、〈禮儀章〉（論禮儀之道）

三、〈賞罰章〉（賞罰分明）

四、〈武德章〉（論武義之德）

五、〈祭祀章〉（論祭祀之誠）

六、〈化功章〉（論化工之極）

附錄　或疑

由以上所列大綱粗略看來，似為中國政治禮教之論點，然而其內容中所根據的卻非以中華古籍為論述，而引用日本古典歷史書為其特徵。引用的日本古籍有《日本書紀》、《古語拾遺》、《職原鈔》、《神皇正統記》、《本朝神社考》等等。此書之構造大致先例舉引文，隨後加上自己的註解，遣詞用句方面常出現「神」、「聖」、「謹按」等敬詞，每出現「神」、「天皇」、「中國」等字句時必空一格以示虔敬。

如前所述，素行被視為古學派復古之先驅，然而此書中表現復古的情懷卻是與前期中華聖學不同，而是復古到以日本聖學為中心。一般說來，復古思想之發生多半是因對當世之不滿。素行之復古思想亦基於對宋儒學說不滿而否定之。然而是否素行也對中華古聖學不滿而欲加以否定呢？我想並非素行不滿周孔之聖學，而是因先秦思想中強調的「水土說」、「自覺性」而產生自我優越感，而欲否定中華以求自立之一表現。是以此書除了以引用日本古典書籍為依據為追溯日本古典精神之復古表現外，亦異常的不斷的拿中國與日本來比較，強調日本之優於中華。因此此書中除了狂大的稱揚日本水土人物之優秀外，更從片斷的角度來評斷中華之缺失。以下略舉其文以明其自稱中華，又否定中華之內容。首先其在〈皇統先天章〉中云：

> 天先成，而後地定，然後神明生其中焉，號國常立尊。一書曰，高天原所生神名，曰天御中主尊[125]。

---

[125]《全集》卷十三，頁 229。

此文出自〈先天章〉，即主論天地之生成，以及神名之由來，而其所引乃出自《日本書紀》第一卷，第一段。繼〈先天章〉後素行便以〈中國章〉說明日本之所以應稱爲中華、中國、中朝之理由，其云：

> 伊奘諾尊，伊奘册尊，以磤馭盧嶋為國中之柱，迺生大日本豐秋津洲，始起大八洲國之號焉[126]。

此段出自《日本書紀》第四段，〈洲起原章〉，說明二神以「磤馭盧島」爲「國中之柱」而生「大日本」。而由此可知素行復古之依據乃出自歷史神話傳話，企圖以神話來解釋歷史發展，這也是素行復古論中極不合理、極不科學之缺點。是以此《中朝事實》之本質嚴格說來不是學說，而是神話，是民族意識，是宗教情結的表態。其又云：

> 國中者，　中國也，柱者，建而不拔之稱，恆久而不變也。大者無相對，日者，陽之精，明而不惑之稱，本者，深根固蔕也，豐者，盛大之稱，秋津，者象其形也，大八洲者，其始生八洲也，所謂土者陰之精，八者陰之極數，而統八方之義也，蓋是　本朝生成之初也[127]。

此文中素行將字顛倒認爲「國中」即「中國」解釋其義同，又解釋「大日本」三字之意，「大八洲」之義，而爲本朝（指日本）。

---

[126] 同上，頁 233。
[127] 同上，頁 233。

在此讚譽日本的形容詞之後又以本朝（指日本）水土之優以及外朝（中華）之缺做一敍述，其云：

> 愚竊考，惟四海之間，唯　本朝與外朝共得天地之精秀，神聖一其機，而外朝亦未如　本朝之秀真也。凡外朝其封疆太廣，連續四夷，無封域之要，故藩屛屯戍甚多，不得守其約，失是一也。近迫四夷，故長城要塞之固，世世勞人民，失是二也。守戍之徒，或通狄構難，或奔狄泄其情，失是三也。匈奴、契丹、北虜易窺其釁，數以刼奪，其失四也。終削其國，易其姓，而天下左袵，大失其五也……。獨本朝中天之正道，得地之中國，正南面之位，背北陰之險，上西下東，前擁數洲而利河海，後據絕峭而望大洋，每州悉有運漕之用，故四海之廣猶一家之約。萬國之化育，同天地之正位，竟無長城之勞，無戎狄之膺，況鳥獸之類，林木之材，布縷之巧，金木之工無不備，聖神稱美之嘆，豈虛哉。昔大元世祖奪外朝，乘其勢擊本朝，大兵悉敗，而歸彼地者僅三人，其後元主數窺，而不得侵我藩籬，況高麗新羅百濟皆　本朝之藩臣乎。　聖神翔行太虛而睨是鄉而降之，最宜哉[128]。

由上觀之，素行所一一列舉的「外朝」之缺點就等於「本朝」之優點。「外朝」封疆太廣，藩屛屯戍，近迫四夷……終至亡國，故唯「本朝」中天之正道，得地之中國，正南面之位，甚言元世

---

[128] 同上，頁 236–237。

祖雖襲日本，卻有大敗元兵之意以及視高麗新羅百濟爲日本藩臣。由上述不難看出素行的「日本迷」之心態，以及舉他人之缺證自己之優，並竊取他人國號「中國」以爲己美。而關於素行偏差之優劣說在各章中均可得見，如〈皇統章〉中云：

> 一書云，天祖天照大神高皇產靈尊乃相語曰。夫葦原瑞穗國者，吾子孫之可王之地。即以八咫鏡及薙草劒二種神寶。援賜皇孫，永無天壐。
>
> 謹按……三種寶物者，乃　天神之靈器，傳國之表物，其寄甚重矣。天照太神手持寶鏡祝之，神勅至矣盡矣，聖主萬世之嚴鑑也。此時雖未有教學援受之名。謹讀此一章以詳其義。則　帝者為治之學，唯在用力于此乎。異域堯舜禹受授之説，亦豈外乎此矣[129]。

此文中引古書曰二種寶物八咫鏡及草薙劍，而素行卻云三種寶物，另加一寶鏡，由此可見其僞。又云日本上古「雖未有教學之名」，卻與意義深遠，涵蓋「異域堯舜禹受授之說」。依素行之說似乎已無須探求學說爲依據，而任由引申發揮神話中之敍述便可。接著其又云：

> 而　中國明知三綱之不可遺。故　皇統一立。而億萬世襲之不變。天下皆受正朔，而不貳其時，萬國禀王命，而不異其俗，三綱終不沈淪，德化不陷塗炭，異域之外國豈可

---

[129] 同上，頁 248。

> 企望焉乎。夫外朝易姓殆三十姓。戎狄入王者數世，春秋二百四十餘年，臣子弑其國君者二十又五，況其先後之亂臣賊子不可枚擧也。（中略）唯　中國自開闢至　人皇垂二百萬歲，自　人皇迄于今日過二千三百歲，而　天神之皇統竟不違。（中略）三綱旣立則條目之著在政治之極致也，凡八紘之大，外國之汎，無如、中州、皇綱之化文武之功，其至德，豈不大乎哉[130]。

此段引文，主要的卽在讚美其皇統之綿延，「自開闢至人皇垂二百萬歲」，而「自人皇迄於今日過二千三百歲」，因而是「天神之皇統不違，因此三綱條目、政治極致，八紘之大、皇綱之化、文武之功德無一不誇。」反觀「外朝」則是易姓三十次、戎狄入王數世、春秋臣弑君二十又五，亂臣賊子不絕，故素行下「凡中國之威武，外朝乃諸夷竟不可企望之」之評語。此外其在〈神教章・致教學之淵源〉中引述日本學習中國經典之始，其云：

> 有王仁者是秀也，（中略）十六年春二月。王仁來之，則太子菟道雅郎子師之，習諸典籍於王仁，莫不通達。故所謂王仁者。是書首等之始祖也[131]。

言明王仁携典籍教太子，關於此，素行又評云：

> （前略）中州始知漢字。應神帝聖武而聰達，博欲通外國

---

[130] 同上，頁 250-251。

[131] 同上，頁 264。

之事，微王仁讀典籍，太子師之。以能通達漢籍也。凡外朝三皇五帝禹湯文武周公孔子之大聖。亦與　中州往古之　神聖其揆一也。故讀其書，則其義道。無所間隔，其趣向猶合符節，採挹斟酌。則又以足補助　王化矣[132]。

由上文素行雖認同王仁來「中州始知漢字」，卻刻意改變一授一受之關係，而云「三皇五帝禹湯文武周公孔子」與日本之「中州往古之神聖其揆一」，美化日本古上古神聖與周孔之道無異。一反以往一切皆以中國聖人爲宗，也一反以往一切學說皆源自中國，而認定日本往古之始便有神聖之教化。此無疑的犯了佛家唯識論「萬物唯心所造」，不講求實證而以心證，無須任何歷史事實做依據，一切以主觀心證，若心有偏差、狹隘則又有何學術可言，其又云:

或疑，外朝不通我而文物明。我因外朝而廣其用，則外朝優於我。愚按。否。自開闢　神聖之德行明教，無不兼備，雖不知漢籍，亦更無一介之闕[133]。

以上素行認爲即使沒有漢籍，因神聖之德行，明教全備，毫無所缺，故否定了「外朝」傳於「本朝」之說。又云:

或疑，王仁德高，且善於毛詩，故為難波津之詠，遂成仁德帝之聖。愚按，否。王仁者通漢籍之博士也。此時人

[132] 同上，頁 265。
[133] 同上，頁 265-266。

未通漢字，故造端於彼而已。（中略）難波帝者，謙德寬仁之明主，時無遺賢，朝無謬擧，古今以為　聖帝，王仁之才德不著于國史，食祿唯為文首則可恥之至也，俗學末儒蔑　中國（指日本）以信外邦，是貴耳賤目之徒，附益助長之弊也[134]。

以上所述乃針對王仁之功德做一否定，認爲「王仁之才德不著於國史，食祿唯爲文首則可恥之至也」。而讚譽王仁者爲「俗學末儒」是「貴耳賤目之徒」。批評儒者稱揚外朝之害。此外素行又於下卷〈禮儀章〉中云：

竊按，敎諭之道，多以外朝之書籍為事，是後世之訛也[135]。

認爲「教諭之道」多受「外朝」典籍之影響是「後世之訛」而加以否定。認爲日本自古以來文獻上皆有記載事物之制度、人民之禮儀，關於此，其引隋煬帝與推古朝間交通之一事爲例，其云：

愚按，推古朝，隋煬帝遣文林郎裴世清來聘，天智朝唐客郭務悰等來聘，其書曰。大唐帝敬問日本國天皇。天武朝郭務悰又來聘，其後　中國置遣唐使，通信於外朝。然外朝之書簡，多以諸侯王，世衰人訛，以此為足，其失何在

[134] 同上，頁 266。
[135] 同上，頁 310。

> 乎。唯造端於記誦文字之俗儒，以至我國之不知為我國，噫輕家鷄愛野雉，何德之衰乎[136]。

由上引文「大唐帝敬問日本國天皇」，說明日本國之地位，可惜後世又多以諸侯王稱之，此爲後世記誦文字俗儒之大誤以至於「我國之不知爲本國」而忘失了自我。素行形容此乃「輕家鷄愛野雉，何德之衰乎。」

由以上所舉《中朝事實》中之數例觀之，素行企圖以史的觀點來說明《中朝事實》之由來與偉大，以形式而言爲一歷史書，以內容而言卻是由神話傳說引申發揮日本之神聖。而無法以信史之論證待對，只能以民族自覺情感之表現視之。而此種表現若依現代心理學分析，素行無非已陷入「自戀情結」之中，而其手段又是藉否定別人來肯定自己，予人由強烈之自卑而引發超強的自尊心之感覺。嚴格說其《中朝事實》一書之名就犯了竊取他人國號以及刻意歪曲事實之罪。而素行此假日本神聖之說卻也促發了日本自覺之先聲。

素行此期繼《中期事實》之後重要著作有《武家事紀》依其序文：「往年竊輯中朝實錄、將族餘年及武家之事，頃歲草此集，題曰武家事紀云云」，由此蓋可知爲《中朝事實》之姊妹作，而主旨在敍述皇統要略之始，武家系統來歷、古今戰史、兵要地理、武家故實等等，基本上是關於武士與武家之關係，以及可窺其武士道根本思想。

---

[136] 同上，頁 323。

此外另一名著便是《配所殘筆》，此書大約成於延寶三年正月，素行五十四歲之時，因謫居配所近十年有所感而寫的遺言。故《配所殘筆》記云：

> 今年至配所十年，凡物十年必變，今年我於配所覺悟朽腐時候到來[137]。

由文中可知素行對於近十年來謫居生活（事實上僅滿八年二個多月），已表露出無限的感傷與哀怨，在此心境之下才以自敍性方式將其一生自幼年求學過程、思想之歷變、流放之原由一五一十鉅細無遺的描述下來，故以形式而言爲其自傳文。同時將其後事以及年僅九歲之嫡子萬助（介）託與其弟平馬以及其甥山鹿高恒，唯此二人當時並未在場故將此遺書暫存於其愛徒礒谷平助之手。而此書於記述素行自身經歷外亦告誡後世子孫以其爲榜樣，其云：

> 此學相積時知惠日日新，德自高仁自厚勇自立，終無功無名到無為玄妙之地，雖一入功名無功名，唯盡人之道矣。孝經云，立身行道，揚名於後世者，孝之終也[138]。

由此可見素行自視甚高，自譽爲「知惠日日新，德自高仁自厚勇自立」同時又能不顧世俗之功名，將此解釋爲「唯盡人之道」之胸懷，最後則以引《孝經》「立身行道，揚名於後世」做爲其註

---

[137] 《全集》卷十二，頁 598。

[138] 同上，頁 598。

腳。事實上若由「揚名於後世」觀之則素行並未放棄對「名」之追求與欲望。事實上素行自始自終都未曾放棄求功名、出仕幕府爲官之念頭，這一點在其晚年數十次瑞夢、靈夢之出現[139]，當可以感覺素行之野心以及素行在崇高理想與殘酷現實之間的矛盾與掙扎吧！

未料當素行此遺書完成之同年六月二十四日便幸而獲赦東歸，同時也爲此日本聖學思想時期之結束。

## 第七節　原源發機

延寶三年（1675）素行五十四歲之時，已是被流放赤穗的第九個年頭了，在這近十年的歲月對素行而言，一是政治欲求之幻滅，一是學術思想轉向另一高峯，但是無論如何也無法彌補時光之消逝，而預感死亡之來臨，寫下遺書《配所殘筆》，而半年後不久同年六月二十四日獲赦，七月三日赦免通知便傳來赤穗，依《略年譜》所記：

> 六月二十四日赦免之告，今日七月三日來。

如前所述，素行之獲罪乃因言論不見容於保科正之、北條氏長二人而起。當此二人相繼去逝後（素行四十九歲時北條氏長逝，素行五十一歲時保科正之逝）的第三年便因各方有力諸侯如松浦鎮信、本多忠將等所發起的哀訴運動之下獲赦。而終於結束近十年

---

[139] 參閱堀勇雄著，《山鹿素行》，頁 307。以及《年譜》各條。

的謫居生涯，於延寶三年八月十一日到達江戶，展開晚年的新生，直到貞享二年（六十四歲逝世爲止）。

素行在晚年歲月的十年中仍著述不輟，代表著作有《原源發機》、《原源發機諺解》以及《治平要錄》等。除了《治平要錄》成於天和二年素行六十一歲之時外，《原源發機》及《原源發機諺解》之完成年代都不明確，依文獻記載其五十二歲之著作《七書語解》中曾提及「發機者，振作應變其兆」之語外，於延寶六年，五十七歲之時，曾批點《原源發機》與《津輕信政》，如《略年譜》所記如下：

> 五月，批點《原源發機》與《津輕信政》[140]。

依此記載大概成於此時。

《原源發機》一書分上、中、下三卷，以其內容而言則大異於以往經學之著述，而以易學中的象數說爲主。似乎是素行在探究經學本源方面更上一層的表現，企圖建立其哲學理念之基礎，至於其說之內容與中國易學之關係爲何？以下試簡述之。

中國易學之始，自伏羲氏畫八卦、文王演易、重卦爲六十四卦、作卦爻辭、孔子贊易建立儒門易哲學思想體系，此外老子作五千言書，建立道家易玄學思想體系，而與孔、老同時尙有筮術易，此三者各有不同之特性，然西漢以來儒家易透過董仲舒之《春秋繁露》，道家易透過《淮南子》，筮術易附合雜家陰陽五行占斷災異之學後，三者便漸趨混合[141]，而成「非儒、非道、非

[140] 《全集》卷一，頁 49。
[141] 高懷民，《先秦易學史》，頁 367。

筮、亦儒、亦道、亦筮」之現象，至宋易學大興，透過周子《太極圖說》、邵雍先天易圖，易學中的陰陽象數說便廣爲盛行。然而素行早在提出復古論的中華聖學時代於《山鹿語類・聖學三》中早已否定宋學中周子及邵子之說。其否定之理由概與其於〈聖學二〉中記載其所讀經書有關，而在其所讀所有經書中又以〈讀易〉爲首，此篇中又分別以「原易」、「原卦」、「原圖書」、「原蓍策」四項。是以若推測素行著此《原源發機》之本意，當是以《周易》爲本，而關於此書名之由來其於《諺解》上云：

> 我唯因聖學之實，以源原，發其機，始知，聖人之意在此[142]。

然而素行卻又標榜其與易之不同，如其於《原源發機》上中云：

> 不識者，必言，吾此象準擬易，天機之妙，不如斯，不互古今，象數大異于易，而其用表裏于易[143]。

由上述素行自言其「象數大異于易」，那麼其象說又源自於何呢？一般說來易學本身便包涵了道、象、數、術四項基本要素。而素行專以象數說爲主，其理安在？其於《原源發機》上卷云：

> 形象之畫，自然之道也，不然乃道不可建[144]。

---

[142] 《全集》卷十四，頁 448。
[143] 《全集》卷十四，頁 398。
[144] 同上，頁 398。

強調「形象之畫」乃「自然之道」，道亦因此「象」而建立。接著又云：

> 外國聖人，畫卦圖象，著其端倪，所謂伏羲之畫也、文王之卦也、周公之爻也、孔子之繫辭也，八卦相因，而萬變盡，善通之則治天下國家，如示其掌，故夫子之聖，亦有假數年之嘆，今人唯見文字解之，豈夫然乎[145]。

由上述引伏羲畫八卦始至孔子之聖皆以「畫卦圖象」爲重，「八卦相因，而萬變盡」、「善通之則治天下國家，如示其掌」，是以素行亦因此「治天下國家如示其掌」的目的下以形象之畫爲主，反對以文字解釋爲主。如其於《諺解》上云：

> 形象之畫者自然之道也，不然則乃道不建，古無文字，唯畫形畫象，以示其心。後世文字多成，始天機之妙沒。故示聖人之機察事則專在形象之畫。形象之畫存，其道機可觀可言，形象之畫無造作，唯以自然之道[146]。

由上可知素行認爲「形象之畫」無如文字乃後人造作，故爲自然之道。同時素行又認爲此「形象之畫」，在日本往古聖人中便已存在，其於《諺解》上云：

> 本朝往古聖人所著神道宗源之妙，皆是形象之畫，久不傳

---

[145] 同上，頁 398。
[146] 同上，頁 445。

> 世，故假外國聖人，以證之[147]。

認爲此「形象之畫」在其傳統神道中便已存在，而非源自於中國，進而又以此與易相提並論，其云：

> 聖人之道在天下，天下之外聖人不論焉，今我此象數悉在天下，故其用，與易相表裏，表裏者一致之義也，物有表則有裏，是其致趣為一，畫象雖不同然其致一，則周易之說在此中矣[148]。

由上述，素行不但言其象數說與易相爲表裏，其言涵蓋周易之說，而此種說法無異於《中朝事實》的「日本中華主義」之表現，在繼說明日本爲中華之理論後亦企圖建立日本思想的原理。以上概爲素行對「形象之畫」的看法，至於數，其云：

> 一生一二，二生三四，而五六七八成，各生八而六十四變有矣，六十四各生八，而五百十有餘成，互相倍蓰，相什佰，而變窮矣，能推其類，則雖古未曾有，今未見之，後世如須必有此等，亦不可蔽[149]。

以上之說法與「道生一，一生二，二生三……」以及「太極生兩儀、兩儀生四象、四象生八卦」這種數目推衍的方法是一致，然

---

[147] 同上，頁 446。
[148] 同上，頁 449。
[149] 同上，頁 398。

而素行卻云「則雖古未嘗有、今未見之」。其又云:

> 今夫修齊治平之要，因本末推其變，大有此八，細有此六十四，微有此五百餘區，條理燦然，而天機不可究[150]。

試圖將修齊治平與此數字推衍之本末結合在一起。

而《原源發機》上中下三卷，除了上卷總論其象數說的內容外，中卷便作圖畫象，下卷則例舉六十四繫辭解釋之。形式上與《周易》相做然甚簡略，同時其自言「象數大異于易」，若將其中卷所畫圖象與邵雍先天易圖並列，其間含意筆者雖不清楚，然單就形式而言，蓋可看出兩者有其類似之處。

兩者相較，即足以證明素行此圖乃倣自邵雍，而根據《山鹿語類》卷三十五、〈聖學三〉等所記亦證實素行確實讀過邵康節之《皇極經世書》，而邵子自謂:

> 圖雖無文（先天圖也），吾終日言而未嘗離乎是，蓋天地萬物之理盡在其中矣[151]。

至於邵子之《皇極經世書》之內容依提要所述，其云:

> 一本於易，易源於陰陽，是兼儒家、道家、陰陽家之學[152]。

---

[150] 同上，頁 398。

[151] 邵雍著，蕭天石主編，《皇極經世書》卷五，頁 348。

[152] 同上，頁 3。

伏羲六十四卦方位

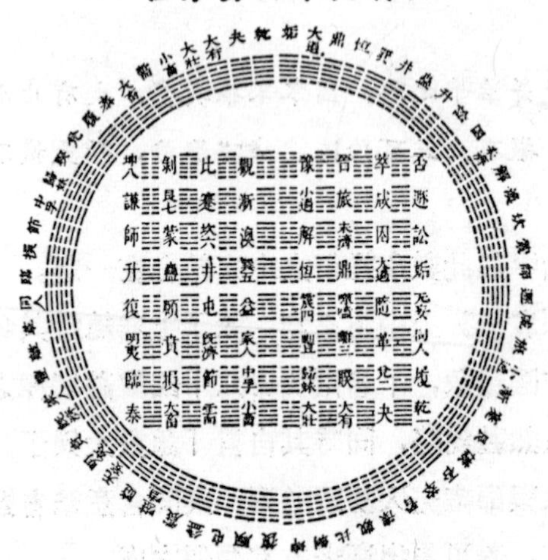

伏羲八卦方位　　伏羲八卦次序

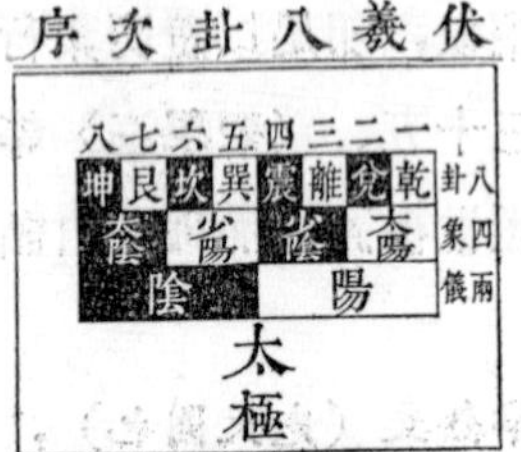


伏羲六十四卦次序

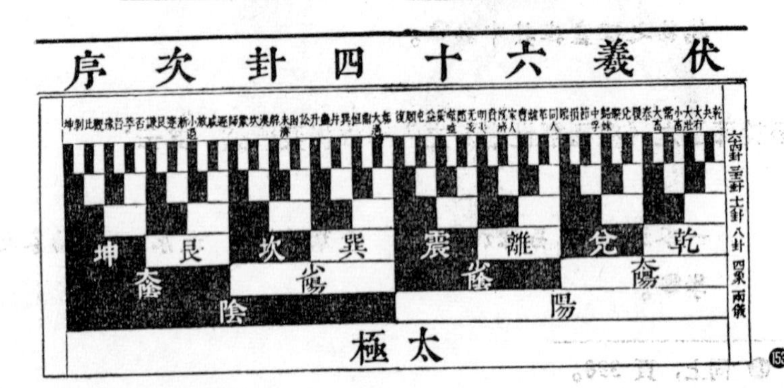


[153]

[153] 《易經集註》〈周易圖說〉，頁 2-3，第一書店印行。

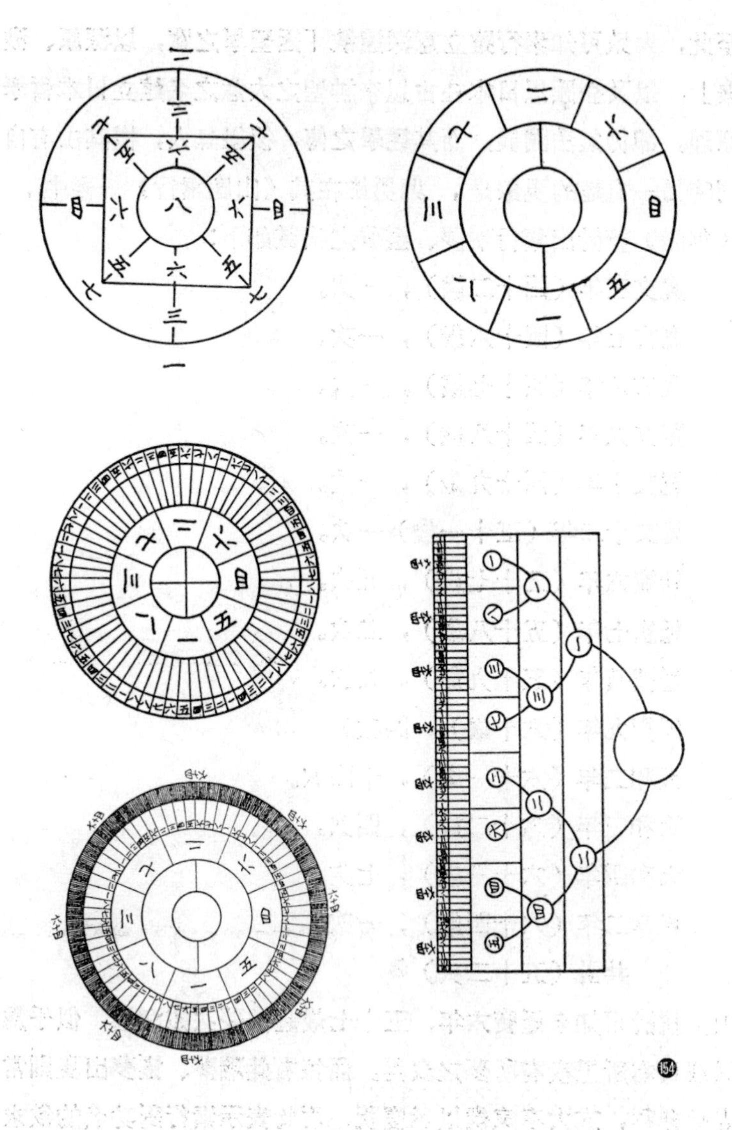

⑭

⑭《全集》卷十四，頁 401–405。

至此，大致可知素行雖立意深遠欲「因聖學之實，以源原、發其機」，以及企圖以日本往古以來神聖之大意之名建立日本哲學之原理。卻仍無法開展，而其經學之傳，後繼無人，概其由有自。同時另一有趣的現象是，堀勇雄在其《山鹿素行》一書中，依《年譜》統計出素行瑞夢、靈夢之次數如下：

寬文三年（四十二歲），一次。

寬文七年（四十六歲），一次。

寬文八年（四十七歲），一次。

寬文九年（四十八歲），一次。

寬文十年（四十九歲），一次。

寬文十二年（五十一歲）一次。

延寶六年（五十七歲），五次。

延寶七年（五十八歲），二次。

延寶八年（五十九歲），九次。

延寶九年（六十歲），四次。

天和二年（六十一歲），十四次。

天和三年（六十二歲），四次。

天和四年（六十三歲），七次。

貞享二年（六十四歲），一次。

共計（五十二次）[155]

由上統計可知自延寶六年，五十七歲起做夢次數激增，似乎爲迷信或日有所思夜有所夢之表現。而每有此瑞夢、靈夢出現則常至寺社參拜，或大享家僕以示慶祝，而此表示素行對功名的欲求患

---

[155] 堀勇雄著，《山鹿素行》，頁 307。

得患失，或因年老，或因與《易》的筮術有關就不得而知了，因爲素行於《原源發機》中並未論及象數說以外關於筮術之說。但其若讀《易》，心態上或多或少有受影響亦未可知?

繼《原源發機》與《諺解》後之另一代表作便是《治平要錄》，原名與《正誠舊事》、《齊修舊事》同爲《治平舊事》，後因以其意見爲主，引舊事之例爲副，故改名爲《治平要錄》，大概完成於天和二年，六十一歲之時。全書共分五卷，基本上以《大學》的格物、致知、誠意、正心、修身、齊家、治國、平天下八項條目中最終之理想，治國平天下爲主要目的，故亦爲政治學說最終之代表。首先其於卷一〈學問〉中云:

> 人君之學問，其本意不同尋常，以治平天下為本。治平天下之道者，通古今之事迹，考其治亂興亡，糺之以聖人之道也[156]。

以上除了說明學問與政治之關係外，接著便討論學問之弊害，而於此不同於前期之說的是，除了論俗學之弊外亦評實學之弊，其認爲俗學之弊在於「記誦詞章」，而實學之弊在於「過議論弄學」、「弄性心鶩虛遠」、「專言王道棄覇道」、「言湯武之兵賤兵法」、「味仁之說陷慈惠」，其於「記誦詞章」中云:

> 「記誦詞章」之學，皆其所勤，乃為人而非君子之儒，記問之學不足人師，語出禮記，廣記憶頓詩文則叢林之禪

[156] 《全集》卷十四，頁 568。

僧，尫弱之成童亦成口，習熟則易事也。更不足尚之，但若不棄退此，是又學之末流。非利世安民之道，則非人君可學之道，故云此俗學[157]。

依此，素行強調的是人君之學，而人君之學在於利世安民之道，是以記誦詞章則爲學之末流即俗學之弊也。至於「實學之弊」其云：

實學論道學經書，糺義理味心性，辨王覇談仁義，修己治人，以治國家天下為本，然，是又其所志其所糺而有其弊[158]。

以上雖然肯定實學以修己治人、治國家天下爲本，然仍有以下之弊，其一便是「過議論弄學」，其云：

宋明之學者，註釋六經，云此甚過議論。……議論雖學問之尤所好，但不詳其道而專事議論，則終不得其實理，而有好辯利口之弊[159]。

至於實學「弄心性鶩虛遠」之弊，其云：

鶩虛遠云者，性心之工夫無欲求無事，向虛空求其端，心

[157] 同上，頁 583。
[158] 同上，頁 583。
[159] 同上，頁 584。

> 住無物之地，此虛也。近者不盡日用事物之間，遠者樂無事之境，日用之作業，合性心之實理則得自由不踰矩也，專事日用，無非樂天究理之實，此賤近尋遠也。如此心學也實學也，為高上之工夫時，其學終佛祖之禪，老莊之虛，高者高而更無其徵，其用不涉治國平天下，尤非人君之所學⑯。

以上仍本著實學爲日用之學爲治國平天下之道，否定佛、老莊之心性虛遠之說。

至於其對實學中「專言王道棄覇道」之弊，其云：

> 衰周，逆秦之弊，天下皆漸染而變俗改民無依憑，於此從時宜立其政令制度，然亦本仁義先忠孝，以權謀奇功立事辨用之道終不可已。或先文或先武共隨時代為事，是三代之所因所損益也，用俗儒之說則無所損益，專守古道不通時變也⑯。

以上，明顯的素行以爲行王道或行覇道，應依時變，通時世，不知時變專守王道賤覇道者俗儒之說也。是以「聖人之道不正則王道之名爲一不得王道之實，如是聖人者王覇兩相用從時宜損益之」，如此一來也肯定武家覇權之合理性。肯定了武家覇權，同時也肯定了自身武士之身分。

接著其又言實學「言湯武之兵賤兵法」之弊：其云：

---

⑯ 同上，頁 586。
⑯ 同上，頁 589。

言湯武之兵，賤兵法，是又反古之道，不通時宜也。（中略）王者談兵，慕湯武之古賤武專文，則天下讓王朝政道歸公家，無外尋元弘、建武之古跡；然天下之亂數日可待……故賤武欲止兵，日談湯武之兵，皆騖虛遠，實乃不知聖學之弊也[162]。

由上，素行認爲行王道或覇道，尙文或尙武一切通依時宜可否而定，肯定覇道、兵法之合理性外，更可看出其以武爲本，而有尙武輕文，講覇道貶王道之意，是以最後其在實學「昧仁之說陷慈惠」之弊中云：

今之學者，仁用及物，皆小惠姑息之仁，異於聖人之仁，是全同於佛氏之平等慈悲……赦咎者，不罰罪者，是仁心得。是不知聖人之仁故也[163]。

於此素行亦對施小仁行小惠之婦人之仁做一否定。以上數弊可謂除了針對實學外，也是針對當時時政以及思想之流弊做一批評，而此流弊多生於文治之世，是以素行亦特別強調武治之說以取代王朝公卿之治，其云卷四〈末代之治〉中云：

竊惟、王朝安富日隆而上荒其業，下奢靡失政……公卿為詠歌有職之家，不知國家之治政，不致修身正心之道，故

[162] 同上，頁 591-592。
[163] 同上，頁 595。

> 武家遂代之以為國家之治也[164]。

說明王朝、公卿不致修身正心之道，失政而由武家代行國家之治，接著便讚美武家之治，其云：

> 竊按，武家之治自賴朝卿始，立柳營一家之格式，不由王朝之治，至貞永潤色之，詳政務之式目，其後相續追加，唯泰時，時賴心措政務，丹誠盡天下之安否，不遑遊敖，不好奇珍奢侈，專儉政布四海，當時之治殆為武治之美談[165]。

由以上所舉數例來看，素行之學說理論是以「武」做根基的，一方面援引經學之理論使「武」脫離「術」之技倆，再與「道」之理論結合而爲兵儒一致之「士道」，當然在結合之前必須先將原有「道」中不合武家的一一排除，因此我們可以說素行對俗學之批評是本於道統與異端之別，而對實學之批評則立足點是以不合武家之說爲主，如「專言王道棄覇道」、「言湯武之兵賤兵法」等即是。

## 小　結

素行從求學至晚年，其在思想的轉換，學說之演進上可說是層層更新，而新舊交替之間又存在著極大的矛盾與對立，而素行於面對龐雜學說理論以及彼此間存在的矛盾對立的情況下，能一

---

[164] 同上，頁 664-665。

[165] 同上，頁 666。

一的剝離、抽演、蛻變，自成一理論體系，實有其個人獨到之處。然而亦有過於偏狹不實之失。以當世言之，其爲古學派之始，爲「日本中華主義」理論之先導，亦是「武教理論」之教育者，是以其影響不可不謂深遠。幕末志士吉田松蔭於其著作《武教講錄》中便言素行爲其先師並讚云：

> 至於國恩之事，先師生於滿世俗儒貴外國賤我邦之中，獨卓然排異說，窮上古神聖之道，撰《中朝事實》應知深意[166]。

而明治時期之陸軍大將乃木希典（1849-1912）亦將《中朝事實》自費出版呈獻給皇太子及皇子。可知其於明治以來鼓吹日本國粹主義方面發揮甚大。

然而素行學說偏狹不實之處亦在此，其提倡日本復古傳統卻以神話傳說爲理論根據，強調日本自我中心主義，卻又以極端排外爲手段。因此在表現上有失客觀以及做學問之風範。其曾云：「我可罪而道不可罪」，此其功乎？罪乎？

---

[166] 《東洋思想》，頁 394。

# 第三章　「日本中華主義」在日本思想史上之代表意義

如前所述，在素行一生龐多的著作之中，《聖教要錄》與《中朝事實》可謂其獨特思想之二大代表著作。《聖教要錄》倡導了儒學復古之先聲，爲日本儒教史打破近世儒學之僵局而開創了復古之新的境地，雖因此而遭到貶謫赤穗之運命，卻又繼《聖教要錄》後的四年完成《中朝事實》，爲其個人成就之頂點，也爲日本精神思想史創造了前所未有的憧景，提倡「日本中華主義」之一觀念，若稍加分析便知《中朝事實》是復古精神與日本中心主義相結而成的。也就是說由四年前《聖教要錄》中所提倡恢復中華古聖人周公、孔子之道的復古精神轉而以四年後《中朝事實》中以日本民族上古文化、思想做爲正統崇拜的對象。而此觀點之改變無異也象徵了日本對中華思想尊崇態度之轉變。其復古理論非但早於古學派之伊藤仁齋❶，其「日本中華主義」思

❶ 參見堀勇雄著，《山鹿素行》，頁 186–187。松宮觀山《學論》上卷云：「又有甚五左衛門山鹿子者，自我先師（氏長）之門出自成一家，著《聖教要錄》梓行於世。非陸、非朱。此方，破宋學者素行子其嚆矢也。世人皆以原佐伊藤子爲破理學之魁，素行子在其前而不知也。」

想，更是早於後期國學者提倡的國粹主義百年之久。而關於其內容曾於上章〈日本聖學思想〉一節中論及故不再贅述，總之其所論爭之目的全在於一民族之自尊，民族地位之表現，不惜利用神話傳說甚而歪曲史實牽強附會的把日本幻想、塑造成一個神聖無比之國家，若要評析此表現之心態，當屬於極度崇外與極端卑內的不平衡所在產生超強的、排他的自尊心。說穿了不過是中國人所謂面子的問題，原本學術理論所探討的只在於「理」一字而已，然而中國聖賢之說，道統異端之論以及華夷之辨等往往除了對「理」之爭辯外，還隱含有尊卑高下的政治性色彩，而受此影響，素行思想意識型態之發展正面的說促發其自尊自主之表現，負面的說則可能是感到受此侮辱，而產生出排他的敵對心態，而產生了以自我爲中心之「日本中華主義」。

而關於此戴季陶便曾於《日本論》中云：

> 我們看到山鹿素行講到中國的學說，只推尊孔子，把漢以後的學說看作異端邪說，我們可以曉得他們復古情緒中所含的創造精神了。此時他的範圍已擴大了許多，從前只是在日本島國裏面，主張神的權力，到得山鹿素行時代，更進一步，居然對於世界主張其日本的神權來了❷。

由上戴氏所述，便是素行《聖教要錄》與《中朝事實》兩個不同階段的思想表現。而此兩個階段之關係我們可說《中朝事實》中之復古精神緣自於《聖教要錄》，然而卻又對《聖教要錄》中對

❷ 戴季陶著，《日本論》，頁8。

中華聖人之崇拜做一否定，而欲以「日本中華主義」昭告天下之學者尊日本卑中華，甚而將日本「東夷」之地位提升爲「中華」、「中國」、「中朝」，雖然以其內容而言無疑是中華「華夷思想」之另一翻版，然而卻也提升了日本民族精神之自決與自尊，非但與華夷論對抗，甚至於欲取而代之，因此造成日後中日關係之發展不在於思想文化之交流，而陷入國體尊卑之現實爭戰之中，而關於素行所引發的民族自尊心，戴氏亦於其《日本論》中做了以下的敍述：

> 德川氏承續豐臣氏的霸業以後，政治文物，燦然大備。傳入日本千餘年的印度、中國的思想，已經和日本人的生活融成一片。於是日本民族自尊的思想，遂勃然發生。有一個有名的學者，叫山鹿素行，在這民族自尊心的鼓盪裏面，創造起一個日本古學派，這一個日本古學派之學術的內容，完成是中國的學問，並且他標榜的學問，是直承孔子，對於中國儒家的學說，連曾子以下，都不認為滿意，對於漢唐宋諸家，尤其對於宋儒，更抨擊無遺。以為宋儒的思想，是破壞孔子之道的異端。但是他卻借了中國的學問來造成日本民族的中心思想，我們看他的著作，就曉得在方法上，理論上，都沒有一點不是從中國學問得來，沒有一處不推崇孔子之道，而精神卻絕對兩樣，他是鼓吹「神道國家」「君主神權」，山鹿所著《中朝事實》一本書裏面，把他的思想，也就發揮盡致了[3]。

[3] 同上，頁 5-6。

由上所述可知，素行雖求知於中華學術思想卻又借「中國的學問來造成日本民族的中心思想」，因此可知其方法，理論上是如出一轍，可是精神上卻是絕對的兩樣。而此現象不獨素行一人，而是整個日本思想一致的表現，素行僅其代表中最明顯的註腳罷了，同時素行之「日本中朝主義」所代表之意義亦可從多方面觀之。以華夷論的觀點言之，此一主義無異是中國華夷論翻版之日本華夷論，若以日本民族精神史之立場而言，此爲日本民族精神自覺之一強烈表現，由尊外卑內轉換至尊內卑外之一反動，若就日本儒教思想史來看，則是思想之一項革新，也是中華思想之日本本土化，以及中華思想在日本思想指導權轉落之象徵，亦即日本文化「下剋上」之表徵。彼此雖代表意義不同，實則是共通的、一致的。至於素行「日本中華主義」在日本儒教思想史上之意義如何？以下則大致以神、儒、佛三者關係之演變做一說明，首先做一簡表，以儒、佛二者代表中華文化，以神道代表日本文化，則三者關係之轉換如下：

神、儒、佛三者關係之轉換
（中華思想在日本地位之轉落）
（日本文化的「下剋上」）

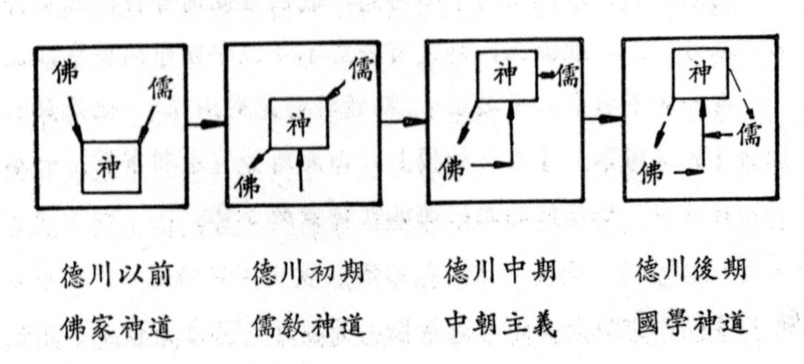

如上圖依神、儒、佛三者發展順序關係而分列四個階段，圖中神儒佛三者位置之高低，便顯示三者在日本文化思想主導地位之尊卑。若以時代區分則爲中世、近世初、中、晚期四期。若以實質內容而言，德川以前的中世時期爲佛家神道，德川初期則爲儒家神道，中期則產生神、儒對等之理論，爲後國學神道排儒之先導，由此圖表便可看出三者之關係，不過不管是佛家神道、儒家神道、國學神道，其中心全在於神道，只不過神道地位漸次提升，最後排斥了佛教與儒教之主導權取而代之而高高在上，而此時之佛教與儒教喪失了主導權後便落實於中下階層而將佛、儒之理念廣泛的落實發揮於民間日常生活行爲之中。是以若將此三者之關係圖幾何化不難察覺三者關係之變動乃由最初倒三角形轉爲正三角形，如下:

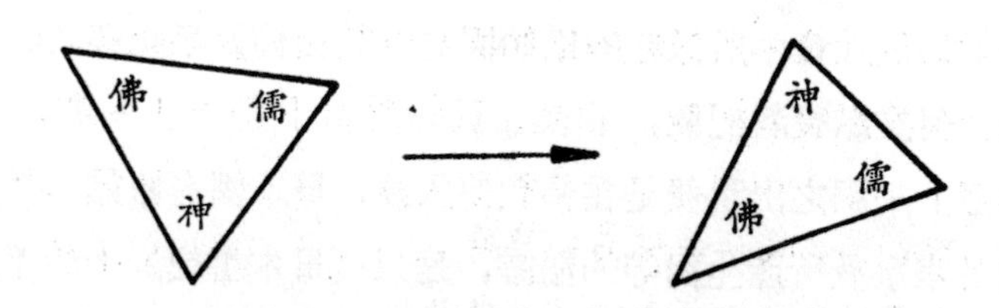


如以上圖示比喻日本文化之獨立自主似乎頗爲恰當，同時可以很清楚的看出，江戶時代之前的日本文化如「倒三角形」爲受中華思想所支配，江戶時代意識此差別，而展開日本文化之自主權、支配權之獨立運動，因此代表外來的中華思想佛教、儒教便相繼的被排斥了。而被神道排斥的佛教、儒教又相繼的由上而下成爲日本文化之基石。而使日本文化結構形成「正三角形」，爲日本文化自主獨立之象徵。而不可思議的是德川三百年間便產生如此巨大之轉變，成就文化之大功業，是以以下則就此三者關係之轉變，以及素行之「日本中華主義」於此轉變中所具有之代表意義做一說明，首先敍述佛教與神道結合成佛家神道之關係。

## 第一節　佛家神道

衆所周知，日本立國之根本爲神道，而神道除了爲日本文化精神之代表，信仰之表徵外，與日本歷史政治思想之發展更是有密不可分之關係。而關於神道之定義不外乎宗教信仰的祭祀儀式以及國家的政治倫理道德儀式。不過此兩者依發展之順序便有很明顯之區分，依加藤玄智對神道變遷之看法分爲四期：一、神道單行期，二、神佛並行期，三、排佛奉神期，四、神道獨立期❹。很明顯的所謂的神道單行期所指的便是佛教未傳入前，日本原始氏族社會中所保存的原始固有宗教信仰及祭祀儀式。是以並無任何文獻資料記載，自然也就無所謂「神道」一辭，因此「神道」一詞之出現便是在佛教傳入後，日本固有原始宗教信仰針對外來宗教所產生對等的語辭，是以《日本書紀》中便不斷出現神道與佛法同時出現，如《日本書紀》卷二十一〈用明紀〉中云：「天皇信佛法，尊神道」，然而事實上神道一詞原本之出處在《易經・觀卦》，其云：「觀天之神道而四時不忒，聖人以神聖設教而天下服矣。」❺而日本隨著中華文化之輸入也已漸漸的脫離原始氏族社會，同時在模倣中國律令制度創立新體制的同時，佛教亦爲日本之國家宗教，這一點便與政治緊密結合，自然的神

❹ 神田豐穗編，《東洋思想》，加藤玄智〈神道〉，頁 40。
❺ 《易經集註》，頁 35。

道便與佛教緊密結合，而爲所謂神佛並行期。然而當宗教與政治結合後自然會因信仰之不同，或立場之不同而引發爭端，《日本書紀》卷十九，欽明天皇十三年（西元 552 年）便記載天皇可否祭佛之論（大臣蘇我稻目奏云：「西蕃之諸國一皆禮之，豐秋之日本豈獨背哉」），而大連物部尾輿則奏云：「我國家之王天下者，恒以天地社稷百八十神春夏秋多祭拜爲事，方今改拜蕃神，恐致國神之怒」，最後欽明天皇云：「朕未曾得聞如是微妙之法」，是以佛法之盛行後世也就銳不可當了，自然的佛教不但成爲日本之鎭護國教，亦爲日本思想之主導。至於與之對應而產生之神道又是如何化解彼此間之矛盾而結合爲佛家神道的呢？基本上便是利用佛教的方便法門「本地垂迹說」。鄭學稼《日本史》中云：

> 依《法華經・壽量品》以久遠實成的（理想的）釋尊為「本地」（本身），以始成正覺的（現實的）釋尊為「垂迹」。偉大慈悲的佛陀，為普渡衆生，到處顯現（垂迹），在日本則垂迹為神。由之，外來的佛，就成為日本的神。奈良、平安朝的日本人，用這一思想，說明崇佛與拜神，是和諧的而不是矛盾的❻。

經此「本地垂迹說」非但化解彼此間之對立與矛盾，反而進一步的將兩者緊密結合，首先是「以爲日本的神，是外來佛的保護者❼。」很快的隨著佛法之傳播，大佛之建鑄，佛經之抄寫等

---

❻ 鄭學稼著，《日本史》㈡，頁 168。

❼ 同上㈣，頁 349。

等，倒使神由保護者之地位轉而爲「神皈依佛法」，首先關於神佛合習的是文武天皇二年(689)伊勢「太神宮寺」(《統記》)之「寺」之疑問，接著八世紀前半，關於習合之事例增多❽，而天平寶馬七年(763)多度神宮寺紛紛建立，依《多度神宮寺伽藍緣起資財帳》中記云，多度神宮寺受「永離神身欲歸三寶」之宣託，造小堂及神像，號多度大菩薩❾。同時依《續日本書紀》記載，天平神護元年(765)下宣命以神爲佛之從屬將兩者習合❿，同時稱德天皇的天平神護二年七月有在伊勢大神宮寺建丈六佛像的記載，以及神宮行佛事，以及神冠以菩薩之稱號等等許多事例便可知，神佛並行期在佛教「本地垂迹說」的理論之下，神道已全然爲皈依佛法之附屬者，而此時儒學所扮演的角色則屬於日本對漢字、漢籍、經典文學、典章規範方面之運作，因此此時日本可說是各取所長，是以佛教、儒教、神道三者間結構關係便如圖表(一)，而若以此圖表表示此期日本文化之結構形狀，很自然的呈現一種「倒三角形」的文化結構，自然的此所謂「倒三角形」的文化結構是無法獨立自由，而仰賴外來佛教、儒教做其思想之指導，在此情形下日本之崇外卑內之形成也是時勢所造，然而當皈依佛教之奈良、平安的中央政權瓦解之後，隨著政權中心之往下移，「倒三角形」之文化本質也開始產生轉變，要言之，鎌倉以前之佛教，爲少數貴族階級政治的學問的佛教，或是祈禱現實功利的儀式的佛教，缺乏個人信仰、反省、平等之內涵。鎌倉以後，隨著公家的沒落武家的興起，佛教本身也就產生新的變化。

❽ 京都國立博物館監行，《神道藝術》，頁 110。
❾ 同上，頁 10。
❿ 同上，頁 10。

隨著《平家物語》之出現，平家由權傾一朝，而又在一夜之間如風雨中散落之櫻花般沒落，平家所唯一能存活的，也只有靠法然上人之念佛做爲信仰之依歸，而新的宗教便如此孕蘊展開，法然在《選擇集》卷首云「往生五業念佛爲本」，以念佛爲主，貶視捨棄其他一切之理論教說，如此一來便無等差，人人皆可念佛往生淨土，此外榮西傳臨濟宗，道元傳曹洞宗，親鸞之眞宗，日蓮之日蓮宗，一遍之時宗，一一如雨後春筍，將佛教之信仰更普遍的深植日本人生活信仰之中。然而值得注意的是佛教政治主導力轉落的同時，神道意識也逐漸抬頭，也就是《古事紀》、《日本書紀》中所謂「神國」思想開始復活，使當代之人漸漸回顧信仰日本神話傳說中之神，同時喚起尊皇之心，因此政權雖轉移武門，然矛盾的是敬神尊皇思想反而於武家時代興起。如《平家物語》中小松重盛教訓清盛云：「此日本神國也」，又禪僧出身的虎關在其《元亨釋書》中亦云：「我讀國史，邦家之基自然根植，支那之諸國未曾有，此稱我國之所以。此謂之自然乃三神器，三器者神鏡、神劍、神璽也。此三者皆出自自然天成」⑪，直至南北朝時期，南朝之忠臣北畠親房《神皇正統記》亦云：「大日本者神國也，天祖始開基，日神長傳統，僅我國有此事，異朝無此類。故此云神國也」⑫，要言之，鎌倉時代以來，研究《日本書紀》之盛，一方面是國家自覺之根柢，一方面也是努力突破末法無力意識之根源。

至於神道方面的表現，鎌倉以後便開始了學說理論之建立，

---

⑪ 神田豐穗編，《東洋思想》，井箆節三〈日本思想史〉，頁 24。

⑫ 大日本文庫國史篇《神皇正統記・愚管抄》，序論頁1。

有了伊勢的《神道五部書》，爲日本神道哲學最早之作品，但經考證乃屬僞作，再者這五部書之論說皆離不了儒、釋、道三者之學說理論再加上一點日本神國之精神信仰而已，如《五部書》中第五部〈倭姬命世紀〉中便云：「吾聞，大日本者神國也，依神明之加被，得國家之安全，依國家之尊崇，增神明之靈感。」⑬

然而此種佛教神道合習思想之外，亦有円爾辨円於 1268 年著《三教要略》唱導佛、儒、神三教一致說。不過到了鎌倉後期神佛合習思想便產生了相反的變化。如前所述，佛教傳入日本之後能令日本之神皈依於佛，主要靠的就是「本地垂迹說」，然而隨著佛教政權之沒落，便使後世對於此說抱以懷疑之態度，如北畠親房與他同時之僧慈遍，慈遍著《豐葦原神風和記》下卷〈佛神同異事〉中云：

> 日本是神國，當佛法未傳來之前，天下的善惡，依神明的託宣而定，後來人心流於虛偽，因輕神明，大神就讓跡於佛，停止託宣⑭。

說明人心墮落神讓位於佛，明顯的與「本地垂迹說」立場大異其趣，而後又繼而產生了「反本地垂迹說」，如吉田兼具《唯一神道名法要集》中云：

> 上宮太子密奏曰：吾之日本生種子，震旦現枝葉，天竺開花實，故佛教為萬法之花實，儒教為萬法之枝葉，神道為

⑬ 鄭學稼著，《日本史》四，頁 362。

⑭ 同上，頁 375。

萬法之根本。彼之二教皆是神道之分化，以枝葉、花實顯其根源。花落歸根，故今以佛法之東漸為明吾國為三國之根本⑮。

由上所述便可知「本地垂迹說」至「反本地垂迹說」之演變，自然的也就意謂著佛爲本神爲末合習之主從關係轉爲神爲本佛爲末之主從關係。而基本上神道理論之架構與方法，乃採自儒、釋、道各經典之說法而成，因此要提升神道之地位，推翻佛教之理論，便有待下一步，因佛教而傳入的儒教，簡單的說就是神道要脫離佛教之束縛，只有依靠儒教之力，而此時傳入之宋明理學雖與佛有極深之淵源，但因兩者基本理論上之歧義，自古以來便不乏排佛之論。唐宋八大家之首的韓愈便上奏〈佛骨論〉主張排佛，至宋明理學之興，衞道之士更視佛法爲異端，爲禍害之源，朱子學之始祖朱熹亦極端排佛，因此雖然僧侶們將朱子學傳入日本，然亦因朱子學之興盛，導致爲神道家們排除佛教理論束縛之理由與依據，另一方面自然的神道也就附屬在新興儒教之下而由原先的佛家神道演變爲儒家神道，而佛教勢力由欽明天皇十三年(525) 起至江戶時代儒家取代佛家之政治地位止，長達一千六百年之久的佛教勢力也就宣告退出政治思想勢力之舞臺，而權力之喪失、地位之下移，佛教精神則更普遍廣泛的融入民間，成爲民眾普遍的生活信仰。而儒家神道也就堂而皇之的正式登上德川時代政治思想之舞臺，主導德川時代思想之演變。

⑮ 神田豐穗編《東洋思想》，加藤玄智〈神道〉頁 75。

## 第二節　儒家神道

關於近世儒教之興起與儒教之演變已於第一章中述及，因近世儒教之傳入與孕育發展原仰賴僧侶之手，因此儒教自佛教而獨立也就被稱之爲「還俗的宗教」，一方面主張排佛，一方面也與神道合習而爲近世初期儒家神道，此時之文化結構則如圖表（二）所顯示，神儒皆主張排佛，不過兩者之關係則以儒爲本、神爲末之主從關係。而近世初期儒家神道之代表則首推林羅山。

林羅山幼年聰慧，習漢文能記憶不忘，二十一歲時便公開講授《論語集註》，曾遭明經家清原秀賢上奏指其未授勅許。而家康則評云：「講者可謂奇也訴者其志隘矣」（年譜慶長八年），二十二歲師事惺窩，此時除儒學外亦隨東山老僧學神祇道，而此僧則由卜部清原學神道，是以羅山之儒家神道也就漸次開展出來。終其一生關於神道之著述甚多，最具代表的有《神社考》、《神道傳授抄》、《神道秘訣》等等。基本上《神社考》爲對神社緣起由來之研究，《神道傳授抄》、《神道秘訣》則爲有關神道思想之研究。而其於《神社考》序文中云：

> 夫本朝者神國也，神武帝繼天建極已來，相續相承皇緒不絶，王道惟弘，是我天神之所授道也，中世寢微，佛氏乘隙移彼西天之法，變吾東域之俗，王道既衰神道漸廢，而以其異端離我而難立，故設左道之說曰伊弉諾伊奘册者梵語也，日神者大日也，大日本國故名曰日本國，或其本地佛而垂跡神也，大權同塵，故名曰權現，結緣利物故曰菩

> 薩，時之王公大人、國之侯伯刺史信伏不悟，遂至令神社佛寺混雜而不疑，巫祝沙門同住而共居，嗚呼神在而如亡，神如為神其奈何哉，……今我於神社考尋遍訪耆老，伺緣起而證之《舊事紀》、《古事記》、《日本紀》、《續日本紀》、《延喜式國土記》、《鈔古語拾遺文粹》、《神皇正統記》、《公事根源》等諸書以表出之，其間又有關於浮屠者，則一字低書而附之，以令見者不惑也。庶幾世人之崇我神而排彼佛也，然則國家復上古之淳直，民俗致內外之清淨，不亦可乎⑯。

由上序文內容可知羅山對神佛合習、本地垂迹說皆爲佛之左道異說所至，是以基於王道神國之立場依古典書籍意圖令世人「崇我國排彼佛」，恢復上古之淳直、民俗之清淨。一方面在排佛之同時亦崇揚日本神國之思想。而其排佛之理論承自儒者之排佛論，而崇揚日本神國之思想，則源自於神道理論根本之依據，《古事記》與《日本書紀》中的神話傳說。

如前所述神道之源起乃由原始氏族部落農耕生活之下所衍生對自然神與祖先祭祀，無文字經典、理論學說，更「神道」一詞，而其「神道」之創立則是因應東傳之佛教，而爲與佛教教說對等，記載頌揚遠古開天闢地、天皇誕生的神話傳說，也就成爲神道理論之根本依據。再者，如吉見幸和《五部書說辨》卷之二所云:

---

⑯ 《近世神道論前期國學》，日本思想大系 25，平重道，〈近世神道思想〉，頁 511。

> 故予常言，神道者王道也，國史者神書也，我國天皇之道云神道，記其天皇之事實者國史也，故此國史者神書也，國史之外無有神書⓱。

可知所謂神道卽王道卽天皇之道，而國史卽神書，因此有了記紀之後，神道所代表者已非原始之宗教信仰，而爲民族國家政治地位之象徵。是以佛、儒之外來思想不論對神道之影響有多大，基本上其神道之根本精神是不會變的。

而羅山於慶長十七年三十歲時對日本之神美作倭賦讚云：

> 惟吾邦之靈秀兮，神聖所挺生，環以太洋海兮，耀暘谷之明明，名茲曰日本兮，固自然之嘉名，或謂君子居之兮，宜風俗之淳直，泰伯讓而來兮少康之子止而不復⓲。

由此賦中可知羅山對日本之讚美之辭多來自於中國對東方之形容，「暘谷」便出自《後漢書・東夷傳》：

> 昔堯命羲仲宅嵎夷，曰暘谷，蓋日之所出也。

而「日本」一詞之由來，依《舊唐書・東夷傳》云：

> 日本國者，倭國之別種也。以其國在日邊，故以日本為名。或曰：倭國自惡其名不雅，改為日本。

---

⓱ 《新講大日本史》，西田長男，〈神道史之理念〉，頁 41。
⓲ 同⓰，頁 512–513。

而所謂「君子國」則語出《淮南子・墬形》：

東方有君子之國。

至於泰伯則爲周太王之長子，讓位季歷，而奔荆蠻，文身斷髮，而後被附會爲「皇祖泰伯說」以日本爲泰伯之後裔。而羅山於神武天皇論中更云：

姬氏孫子本支百世可至萬世為君，不亦盛乎，彼强大之吳雖見滅於越而我邦之寶祚與天地無窮，於是愈信太伯之為至德也⑲。（《林羅山文集》卷二十五）

由此可見羅山對神國、神道之頌揚乃本於附屬中華文化意識之立場，作賦亦自題爲倭賦，如此可說是針對華夷論欲脫離夷狄而認同中華文化之一表現，其所倡之神道卽王道，基本上就是以儒家王道做神道理論之歸依。由羅山所謂「神道卽王道」、「三種神器備王道治，王道神道理一也」，「嗚呼王道一變而爲神道，神道一變至於道，道吾所謂儒道也」便可知，羅山之神道思想乃尊儒道之說的儒家神道，兩者之關係就如圖（二）所示，以儒爲本、神爲末的主從關係，此時神道之地位雖已提升，然三者之間的文化結構仍不能構成文化立場之穩定。到了山鹿素行之「日本中朝主義」才開始打破儒神兩者的主從關係，將神道之思想地位與儒教等而齊之了。同時也是繼「反本地垂迹說」之後針對「華夷

⑲ 同上，頁 513。

論」所提出的「反華夷論」之聲明。

在此，首先需要說明的是素行本身爲儒者出身，而非神道學家，然而在此所謂之神道並非單指狹義的宗教信仰，而是用以代表日本國體之中心思想，此兩者筆者以爲可以《古事記》、《日本書紀》做爲分界點，前者所代表的是記紀之前的原始氏族崇拜。而後者所代表的則是記紀之後日本歷史以天皇中心的國體思想，因此有吉見幸和所謂「國史者神書也」，「天皇之道云神道」，因此可知神道除了採取佛儒之理論學說，廣受中國文化思想之影響外，最基本也是最重要的特質便是神道與國體思想之結合，同時結合此兩者的理論便是《古事記》與《日本書紀》，自然的國體思想便爲神道之中心信仰，而所謂萬世一系之天皇中心思想又源自於日本原始氏族社會所傳下來的神話傳說，由此雖可看出其缺乏科學論證之合理性，但是宗教與政治結合了的神道卻於江戶時代主宰以及推動了日本民族之自覺與日本文化之獨立。

而神道與國體論之結合，南朝北畠親房的《神皇正統記》：「大日本神國也。天祖始開基，日神長傳統，只我國有此事，在異朝無其類，故稱神國」，便是一個有名的例子，而此意識型態一經形成，不論是朱子學者、陽明學者、古學派、佛教僧侶、神道學家，只要觸及此國體論，一切的一切便全歸納入神道系統之中了。

素行《中朝事實》之「日本中華主義」無形中更進一步強化了國體論之觀念，而國體論觀念之強化，自然的也就無形中提升神道之地位，此時日本文化之結構便如圖（三）所示，神道與儒教形成對峙，而兩者對峙之關鍵便在「華夷論」中文化上主從關係之爭。素行所倡「日本中華主義」本質上是「華夷論」之翻版，亦是「以日本爲華，他國爲夷」的「反華夷論」之主張。關於此，素行在《中朝事實》附錄〈或疑〉中便有詳盡的批判。其云：

> 或疑，　中華（指日本）者，吳泰伯之苗裔，故　神廟揭三讓以為額，嘗東山僧圓月，修日本紀，以為泰伯之後，朝儀不協，而遂火其書，大概　中華（指日本）之朝儀，多襲外國之制例。否[20]。

在此素行以「或疑」爲首，道出自古以來以日本爲泰伯之末裔的說法，接著便針對此皇祖泰伯說做一否定之批判，其云：

> 愚謂　中華（日本）之始，舊紀所著無可疑。而以吳泰伯為祖者。因吳越可一葦、吠俗書之虛聲。文字之禪，章句之儒，好奇彫空之所致也。夫　中華（日本）精秀於萬國乎。（中略）　中華（日本）之人多靈武。凡自　人皇逮　崇神帝。十世，年歷七百年。聖主壽算。各向百歲。外朝之王者。此間三十有餘也。若泰伯之苗末，何異外朝之壽。況　帝之聖武雄才，果拱手長視之屬乎。蓋居我土而忘我土，食其國而忘其邦，生其天下而忘其天下者。猶生乎父母而忘父母。豈是人之道乎。惟非未知之而已。以我國為他國者，亂臣也。賊子也[21]。

---

[20] 《全集》卷十三，頁 365-366。
[21] 同上，頁 272-273。

以上所述，素行先肯定舊紀神話傳說無可疑，而後指出吳泰伯後裔之說乃「文字之禪」、「章句之儒」、「好奇彫空」所致，盛讚日本之神聖，同時嚴斥「居我土而忘我土……以我國爲他國者」爲「亂臣賊子」。

如此一來，德川時代御用學者，開創近世朱子學與官學，同時爲素行入門之師的林羅山不就成了素行所嚴斥的「亂臣賊子」了嗎？因爲如前所述，羅山所倡的儒家神道，兩者之關係是以儒爲本神爲末。除了以上所引羅山所作倭賊外，神武天皇論對「皇祖泰伯說」羅山亦云：「其牽合附會，雖如此，而似有其理」，何以如此？若探究其原因就是承認「皇祖泰伯說」一方面是對中華文化之認同，另一方面也是將日本包容於中華文化之內，也就脫離「華夷論」中夷狄之地位自認爲「華」之一表現㉒。

至於此吳王泰伯後裔說之由來，吾人可在《晉書・東夷倭人傳》中可見：

> 倭人在帶方東南大海中，依山島為國，地多山林，無良田，餐海物……男子無大小，悉黥面文身，自謂太伯之後，又言上古使詣中國，皆自稱大夫㉓。

依此段所述，皇祖泰伯說之創始乃因日人「自謂太伯之後」，然而不論是日人自謂或晉史官假託之詞，其意味的就是日本附屬中華文化之一表徵。然而此一附屬的主從關係到了山鹿素行《中朝事實》之出現，不但欲終止此一關係，同時也強烈的表現出喧賓

㉒ 同⑲。
㉓ 唐房玄齡等撰，楊家駱主編，《晉書・東夷倭人傳》，頁 686。

奪主的反動表現。其云:

> 或疑，儒與釋道，共異國之教，而異 中國（指日本）之道乎。愚謂：神聖之大道，唯一而不二。（中略）釋教一通，而人皆歸之，天下終習染，不知其異教，牽合附會，以 神聖為佛之垂迹，猶腐儒以太伯為祖，吁是何謂哉乎㉔。

於此，素行非但說明「儒與釋道，共異國之教」，盛言日本「神聖之大道，唯一而不二」，同時也指出「本地垂迹說」、「皇祖太伯說」之不當，由此「神聖爲佛之垂迹，猶腐儒以太伯爲祖」可知，儒家之思想地位也將如佛教之下場相同了。接下來，神道如何自儒家神道之中，超脫出來，就得靠江戶後期興起的國學思想與神道結合成新的思想勢力——國學神道不可了。然而儒學雖於後期喪失了支配指導，然其地位之下移更將儒學教養廣泛深植於江戶後期武士、浪人以及町人生活教養之中。

## 第三節 國學神道

近世國學之興起可說是繼佛教、儒教之後近世新興的另一種學問（洋學不論），此國學乃在近世學術發達、國家意識興盛之下所應運而生，因此其基本特質是研究日本古典之學問，是標榜純日本的以及復古的學問，在其復古思想中先把日本歷史分爲三

---

㉔ 同⑳，頁 280。

個階段，那就是「古代的理想觀」（古代觀）、「中世以降的衰退觀」（中世下降觀）、「當代的新生觀」（當代意識）三個時期的「三時觀」㉕，而其復古思想就是先否定當代意識以及中世思想，再回歸古代的理想境界。除此以外在研究日本學問方面除了因復古思想，以研究日本古典《古事記》、《日本書紀》、《萬葉集》爲主外，更重要的就是否定儒教、佛教傳來以後的外來學問思想。

再者，以他的內容而言可分爲研究訓詁註釋之學，以及經世濟民之學。而開近世研究日本古典之學的便以京都北村季吟、大坂的圓珠庵契沖爲始。不過季吟也好，契沖也好，皆是精通佛學的國文學者，是以他們除了主張日本古典文學復古外，尙未具有強烈的國家意識，即否定一切外來思想之影響的排外思想。因此國學之成立，便待國學四大家荷田春滿、賀茂眞淵、本居宣長、平田篤胤之出現了。而此國學四大家又以荷田春滿爲首。

荷田春滿爲江戶中期的國學家，伏見稻荷神社的祠官，研究古典、國史，提倡復古神道、教育子弟，關於其教育子弟之理想與精神，吾人可由其《創國學校啟》中看出端倪，其云：

> 今也，洙泗之學隨處而起，瞿曇之教逐日而盛。家講仁義，步卒廝養解言詩。戶事誦經，閭童壺女識空談。民業一改，我道漸衰。在我神皇之教，陵夷一年甚於一年。國家之學，廢墜存十一於千百。格律之書泯滅，復古之學誰問。詠歌之道敗闕，大雅之風何能奮。今之談神道者，是

㉕ 蘇振申、劉崇稜譯，《日本歷史思想之發展》，頁 195。

陰陽五行家之說。世之講詠歌者，大率圓頓同教之解，非唐宋諸儒之糟粕，則昭金兩部之餘瀝。非鑿空鑽穴之妄說，則無證不稽之私言。曰秘曰訣，古賢之真傳何有。或蘊或奧，今人之偽照是多。臣，自少無寢無食以排擊異端為念，以學以思不興復古道無止。方今設非振臂張膽辨百是非，則後必至塗耳塞心混同邪正。欲退則文已漂已晦，欲進則老且病且憊。猶豫無所決，狼狽失所為。伏此諸望，或京師伏陽之中，或東山西郊之間，幸賜一頃之閑地，斯開皇國之學校。然則臣，自少所蓄秘籍奧牒不少，至老所訂古記實錄亦多，盡皆藏於此備他日之考察。僻邑之士為絕而難及者不少。寒鄉之客有志而未果者間多。借之讀之，才通一書，百王之澆醨此知，洞覽千古，萬民之塗炭可拯，幸有命世之才，則敬王之道不委於地，若出琢玉之器，則柿本之敎再奮於邦。六國史明，則豈翅官家化民之小補乎。三代格起，則抑亦國祚悠久之大益哉。《萬葉集》者國風純粹，學焉則無面牆之譏。《古今集》者歌詠精選，不知則有無言之誡。夫本邦，設施學校權輿於近江朝廷，主張文道濫觴於嵯峨天皇，菅江家有分彰院，源藤橘和繼起。太宰府有學業院，足利金澤延及。然所藏三史九經，陳俎豆於雍宮。其所講四道六藝，薦蘋蘩於孔廟。悲哉先儒之無識無一及皇國之學，痛矣後學之鹵莽誰能歎古道之潰。是故，異教如彼盛矣，街談巷議無所不至，吾道如此衰矣，邪說暴行乘虛而入。憐臣愚衷，創業於國學，鑑世倒行，垂統於萬世。首創難成功，非經國大業耶。繼續易用力，真不朽盛世哉。臣之至愚何之知，不敢自讓語釋也。國字之多紕繆，後世猶有知之者，典籍猶存。古語之少解釋，振古不聞通之者，文獻不足。國學之不講實六百年矣，言語之有釋僅三四人耳。其為巨擘新奇是競，極無超乘，骨髓何望。古語不通則古義不明焉，古義不明則古學不復焉。先生之風拂迹，前賢之意近荒，一由不講語學。是所以臣終身精力用盡古語也[26]。

以上《創國學校啟》無異為日本國學之宣言，因此國學的特徵是復古的純日本的學問，其結果是在日本中心主義的鼓吹下，與「古道」對立的外來思想佛教、儒教一一排斥，理由很簡單也很荒謬，那就是認為「古道之潰」是受儒、佛之害，使「古道」不明。因此要回歸「古道」，首先便要除去外來思想之污染，在此心態下無怪乎荷田云：「臣，自少無寢無食以排擊異端為念，以學以思不興復古道無止」了。而中華思想之地位則由恩人一轉而為日本文化之罪人了。

如果說國學之成立於荷田春滿，那麼集國學之大成的就屬賀茂眞淵了。眞淵承襲春滿之說，亦認為日本國學自中世以來受佛儒之污染而失去其純粹性，故主張復古，而復古之方法亦先從研究古語著手，而後才能體驗古代之精神。如春滿云：「古語不通則古義不明焉，古義不明則古學不復焉。」因此要建立國學之基礎便以研究古語為先。而《萬葉考》便是其代表之一。其於《萬葉考》六序中云：

由於尊重天皇而聯想到泰平盛世，由於想到泰平盛世而尊

[26] 神田豐穗編，《東洋思想》，井箟節三〈日本思想史〉，頁 29–30。

> 崇古代，因尊崇古代而讀古典，想解明古代心詞而唱古歌，為唱古歌而讀《萬葉集》，讀《萬葉集》而知古代心詞，古代人心誠難說，知道雄壯的「雅」，然後了解古代之事㉗。

以上，賀茂除了繼承春滿研究日本古典文學的復古思想，另一方面就是針對現實社會之不滿反對儒佛思想而強調經世濟民之道統之學，這點可說是自春滿以來與前期國學家季吟、契沖等以研究古文學訓詁爲主絕大不同之點，而其反對儒佛思想又引申爲狂信國粹思想。其在《國意考》中云：

> 唯唐國為心惡之國則教雖深，面雖善樣，終大惡事亂世。此國原乃人正直之國，雖教少亦善守，如天地之行故，不教亦善也㉘。

將唐國（中國）比喻爲「心惡之國」，教雖深，仍不如日本「本人正直之國」。而此《國意考》基本上是針對太宰春臺《辨道書》中所云：

> 日本元來無道，中華聖人之道行此國而天下萬事皆學中華㉙。

---

㉗ 同㉕，頁 196。

㉘ 三枝博音編纂，《日本哲學全書第五卷・國學篇》，頁 15。

㉙ 神田豐穗編，《東洋思想》，頁 367。

對中華儒教聖人之崇拜而產生的反動言論。同時更於《國意考》中大罵儒者之迂腐。

而此種稱揚日本古代理想盛世，排擊外來儒佛思想之國學隨著時局之混亂與儒教之腐化亦越演越裂，依國學四大家之一的本居宣長，在其著作《玉勝間》中便云：

> 為學問之道，先除盡漢意，不清除漢意則雖讀古書亦難知古意，知古心則道不難知㉚。

而國學家們在主張恢復日本古道，排擊中華思想之同時，宣長進一步的發揮日本之道乃人間自然之道，更痛罵羨慕中國道學恥日本之無道者，其在《直毘靈》中作了一極爲荒誕之比喻，其云：

> 比如，猿見人，笑無毛為人之恥，為云吾為有毛之物。強求細毛以見，競如。不識貴在無毛，不異痴人乎㉛。

以上，以「毛」喻「道」，中國道學盛故「毛多」爲「猿」，日本道學不盛故「毛少」爲「人」。是故日本學者崇拜中華者皆屬「癡人」也。如此之比喻眞可謂強詞奪理，牽強附會無出其右者。

由以上所述，大致可知儒佛思想在國學者之排擊下，已漸喪失其原有的崇高的支配權與地位，相對的，代之而起的便是日本之神道了。此時佛、儒、神三者地位之關係，很自然的就如圖四所示，神道在上，儒、佛在下。神道已由下向上提昇至中心領導

---

㉚ 吉川幸次郎編纂，日本思想 15《本居宣長》，頁 105。

㉛ 同上，頁 289。

地位，儒、佛則由上至下廣泛的普及於日本文化之中下層階級，而此時圖表四所顯示出的日本文化便如「正三角形」之結構。而這也就恰好說明日本文化之自主、獨立之完成。

以上所述神、儒、佛三者之關係，便是在說明日本文化之意識型態與結構，如何由初期受制於外來文化的不穩定的「倒三角形」結構， 轉變爲以神道爲中心思想的「正三角形」的平穩架構，更重要的就是藉以說明山鹿素行之「日本中華主義」在此文化結構中扮演如何轉換之關鍵。

# 第四章 結　論

## ——「日本中華主義」與「華夷論」

綜論上述可知，江戶時代非但爲日本思想文化之轉型期，也是日本文化思想完成獨立自主之一時期，而山鹿素行《中朝事實》一書中所倡導的「日本中華主義」在日本文化思想蛻變轉換之過程中更具有相當的代表意義。其意義在隨著思想潮流演變的佛家神道、儒家神道以至於國學神道的轉換之中，爲繼排佛的「反本地垂迹說」之後，又排儒的「反華夷論」之思想，最後，日本文化「下剋上」思想之意識型態就如前所述，由原先受外來思想所支配的「倒三角型」轉換爲支配運用外來思想的「正三角型」結構了，如圖所示：

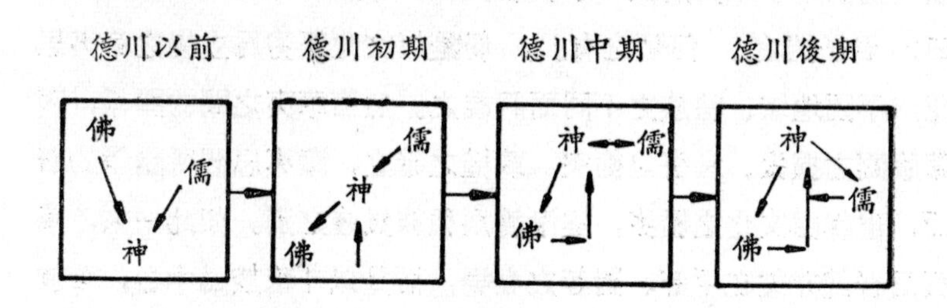


至於山鹿素行此「日本中華主義」思想之本質又源自於何處呢？筆者以爲素行雖於《中朝事實・中國章》中云「伊弉諾尊、

伊弉冉尊，以磤馭盧島爲國中之柱……國中者中國也」，試圖說明日本爲中國之理由，然而其最根本之動機，筆者以爲無非是針對華夷思想反動，所提出的「反華夷說」罷了。是以以下就「華夷論」與「日本中華主義」之關係做一敍述。

關於華夷思想，其由來已久，雖無從考證其確切之年代，成於何時何人之手，然若依形成華夷思想之四項要件：一、獨立優越之文化；二、固定完整之版圖；三、正統統一之政權；四、與夷狄利害之衝突❶而言，大致於商周之際便已具備此條件，同時史料中記載有關華夷思想之概念者如《公羊傳》成公十五年之條：「內諸夏，而外夷狄」以及孔子讚美管仲，「微管仲，吾其被髮左衽矣」（《論語・憲問》）可知，此期華夷思想之觀念已相當明確，同時，隨著政權之統一，華夷思想無形中成了區分華族與夷狄種族之貴賤、文化之優劣、地域之美瘠之標準。一般說來，中華思想的「華夷之辨」，其間何者爲華、何者爲夷的差別不外乎種族之不同、地域之不同、以及文化之不同三者來評斷。而此三者之不同，一般而言是以文化優劣之立場來區分華夷之別。如《論語・子罕》所云「子欲居九夷。或曰：陋，如之何？子曰：君子居之，何陋之有」，便是以文化優劣爲立場之華夷思想。不因地域、種族之不同而睥視之。然而華夷之間的關係，隨著版圖之擴張、利害之衝突、政權之確立，華夷思想所論爭的層面，也就由文化之優劣，逐漸轉爲種族貴賤之別。如此一來，華夷兩者就非站在平等、對等之立場，而是以「華族爲中心，華族居於優越之地位，以統治者之態度對待夷狄」❷。先以武力征服

❶ 孫廣德著，《晉南北朝隋唐俗佛道爭論中之政治課題》，頁 103。
❷ 同上，頁 105。

夷狄，而後再以德治慰撫夷狄。引《詩經》歌頌西周宣王伐徐方大功之詞云：

> 王塞猶允，徐方既來，徐方既同，天子之功，四方既平，徐方來庭，徐方不回，王曰還歸❸。

即是描述周宣王以武力平定之後，徐方亦因慕周天子之德而來朝，如此一來無形中支配者與被征服者之間的對立衝突便予以政治美化成為道德思想之感化。因此，可以說華夷思想站在政治的層面上始終是對立衝突的，而華族對夷族所採取的態度也就不外武力與慰撫兩者，而基本上歷史記載則明顯的表明華族之優越與夷狄之卑劣的對峙型態，如《史記·匈奴列傳》中云：

> 匈奴，其先祖夏后氏之苗裔也，曰淳維。唐虞以上有山戎、獫狁、葷粥，居于北蠻，隨畜牧而轉移。……因射獵禽獸為生業，急則人習戰攻以侵伐，其天性也。其長兵則弓矢，短兵則刀鋌，利則進，不利則退，不羞遁走。苟利所在，不知禮義。自君王以下，咸食畜肉，衣其皮革，被旃裘，壯者食肥美，老者食其餘，貴壯健，賤老弱。父死，妻其後母；兄弟死，皆取其妻妻之。其俗有名不諱而無姓字❹。

如上，司馬遷首先言及匈奴乃夏后氏之苗裔，之後比較匈奴之習

---

❸ 《十三經注疏·詩經》〈大雅·常武〉，頁 693。

❹ 楊家駱主編，《史記·匈奴列傳》卷一百十，頁 2879。

俗並評道「不利則退，不羞遁走。苟利所在，不知禮義」，由此觀之，所謂華夷之別所牽涉涵蓋的範圍和層面無疑是相當廣泛的。

除了一般華夷思想中所謂以華族爲優，夷族爲劣的等差待遇外，並不是沒有華夷一家之觀念，可是縱有華夷一家之說的出現，那也是站在以華族爲本源，夷族爲末枝的「同祖同源論」爲出發點，而所謂的「同祖同源論」卽是華族與夷族之始祖本屬同一血緣關係，而後因爲自中國分往四方邊陲而爲東夷、南蠻、西戎、北狄之說。此一思想之淵源雖無定考，大致上是戰國末期結合夏商周以來的神話傳說，至漢，則加以附會利用而成之思想型態❺，《史記》、《漢書》、《後漢書》中皆可見以地域而分之華夷思想，如《後漢書》中便列有〈東夷傳〉、〈南蠻傳〉、〈西南夷傳〉、〈西羌傳〉、〈西域傳〉等等，至於四方夷狄之始祖之淵源則云吳爲太伯之後裔、楚出自帝顓頊高陽、越爲禹之苗裔出自夏后帝少康之庶子、閩越及越東海王搖爲越王勾踐之後、西南夷之君長爲楚之苗裔等等！此說無異皆以四方夷狄之遠祖爲中國人，無疑也就是希望夷狄認祖歸宗，乖乖的順服於中國之政治手段。因此此一民族同祖同源論便成了華族征服夷族、統治併合夷狄之最佳思想根據❻。

由上所述，華夷思想之表現方式，除了孔子站在人性本質相同，文化有優劣的華夷思想外，絕大部分皆以政治利害爲出發點，藉種族、地域、文化之不同，加以區分，強調華族乃絕對之優，夷族乃絕對之劣，雖後有同祖同源論強調華夷之血緣關係，實則以華族爲本源，爲夷族歸順信仰之中心。

---

❺ 參閱志田不動麿著，《東洋史上の日本》，頁7。
❻ 同❺，頁 6-7。

至於日本與華夷思想之淵源如何發展演變，則可由下列文獻記載中略窺一二，首先《漢書·地理志》云：

> 然東夷天性柔順，異於三方之外，故孔子悼道不行，設浮於海，欲居九夷，有以也夫，樂浪海中有倭人，分為百餘國，以歲時來獻❼。

《魏志·倭人傳》云：

> 倭人在帶方東南大海之中，依山島為國邑，舊百餘國，漢時有朝見者，今使譯所通三十國❽。

之後，《後漢書·東夷傳》云：

> 倭在韓東南大海中，依山島為居，凡百餘國，（中略）男子皆黥面文身。（中略）建武中元二年，倭奴國奉貢朝賀，使人自稱大夫，倭國之極南界也。光武賜以印綬❾。

由上可知，日本此時乃稱做「倭」，雖屬〈東夷傳〉中，奉貢朝賀之倭國，仍尚未列入同祖同源論中，不過《晉書》中云：

> 倭人在帶方東南大海中……男子無大小，悉黥面文身、自

❼ 《漢書·地理志》第八下，頁 1658。
❽ 《三國志·魏書·倭人傳》，頁 854。
❾ 楊家駱主編，《後漢書·東夷傳》，頁 756。

> 謂太伯之後，又言上古使詣中國，皆自稱大夫[10]。

由此段「自謂太伯之後」，可知，不論是中國史官之誤，抑或是日本人之自謂，明顯的華夷思想之同祖同源說無形中加強了中國與日本之關係。而此以中國爲本源，日本爲末枝的同祖同源說因由來已久，同時日本學者自古以來仰慕中國文化，亦皆少有針對此說提出反駁之論，是以自東山僧圓月乃至林羅山皆採用此皇祖太伯說，而使日本成爲中國文化之附屬國，以免陷於文化低落的夷狄之中。然而隨著江戶時代學問之興隆，民族意識之自覺，便針對此提出日本中心主義，如素行所云：「居闔國而慕異域之俗，或學禮樂用異風，或爲祭禮用異樣，皆不究此理之誤也。」對尊崇倣效中國之風做一否定之批評。山鹿素行著《中朝事實》更倡言「日本中華主義」欲取而代之，更不得不令吾人深思，如戴氏於《日本論》中所云：

> 然而就我們中國民族想來，以這樣大的一個國家，這樣古的文化，不能吸收近鄰的小民族，反使四圍的小民族，個個都生出「是可取而代也」的觀念，這是何等的可恥呵[11]！

然而事實上，戴氏所慨歎的問題，其癥結不在於文化之優劣或是影響力之有無，因爲按理文化優者自然影響文化層次低的，又依史書所記，自中日交通以來，兩者之關係便如宗祖國與藩屬國。關於此雖然本居宣長之《馭戎慨言》云：

---

[10] （唐）房玄齡等撰，楊家駱主編，《晉書》，頁 686。

[11] 戴季陶著，《日本論》，頁 27。

> 自遠飛鳥宮（允恭天皇）至穴穗宮（安康天皇）時有遣使中國事，若謂曾奏明朝廷，朝廷許受中國封號，而自取其辱，恐未必然⓬。

認爲以日本國之自尊對接受中國封號之事持疑，然而不管是是與否，其臣屬關係如木宮泰彥《日華文化交流史》云：

> 對中國上表稱臣，及受中國爵號，非不認為辱國，但因當時日本與中國文化程度相差甚遠，日本外交文書之起草者，及為使臣者，概為帶方、樂浪地方歸化者之子孫，故仰中國為上國，而執卑下態度，蓋亦不得已也⓭。

是以，中國文化之優，其對四夷之影響力之大是絕對肯定的。因此戴氏所歎，其問題不在於影響力之有無，而是影響的是何種文化模式，因此日本之所以會出現此「問鼎之意」便是受了中國華夷思想、自我尊大以及「彼可取而代也」或「大丈夫當如是」之思想模式。

而中日關係長期在華夷思想優劣差別待遇下，日本長期處於「夷」之卑位，自然無形中產生文化自卑心態，而此心態又隨著江戶民族自覺之興起大力反彈，於是援引上古神話傳說爲理論根據，強辭奪理的說明日本才是中國之一套說法，企圖表現日本爲「華」之優越自尊心，如以心理學人格發展來說，當人長期處於心態不平衡、長期壓抑的情況下，往往強烈的自卑感便會轉變爲

---

⓬ 木宮泰彥著，陳捷譯，《中日交通史》，頁 44。

⓭ 同上，頁 45。

超強的自尊心。至於日本自我尊崇的理由除了根據記紀之說外，那就是所謂「萬世一系」之天皇世襲制，以及擊敗蒙古兵之事了。《宋史·日本國傳》中便記載十世紀末日本圓融天皇時代東大寺僧奝然謁見宋太宗之一事，其云：

> 太宗召見奝然，存撫之甚厚，賜紫衣，館于太平興國寺。上聞其國王一姓傳繼，臣下皆世官，因歎息謂宰相曰：此島夷耳，乃世祚遐久，其臣亦繼襲不絕，此蓋古之道也⑭。

由上引文可知，宋太宗鑑於「中國自唐季之亂，宇縣分裂，梁、周五代享歷尤促，大臣世胄、鮮能嗣續」，是以讚歎島夷之國的日本，天皇萬世一系蓋古之道也。雖然此十世紀末的日本天皇政權已早由藤原氏擅權，在繼源平之亂後政權又旁落武家之手，天皇位雖存實亡，然此天皇世襲制卻仍被後世史家所歌頌嚮往。素行更是以「萬世一系」之制度與中國之改朝換代，來比較兩者之優劣，如《中朝事實》所云：

> 夫外朝易姓，殆三十姓，戎狄入王者數世，春秋二百四十餘年，臣子弒其國君者二十又五，況其先後之亂臣賊子、不可枚舉也……不異禽獸之相殘，唯　中國（指日本）自開闢至　人皇，垂二百萬歲，自人皇迄于今日，過二千三百歲，而　天神之皇統竟不違⑮。

⑭ 楊家駱主編，《宋史》(四)，〈日本國〉，頁 3810。

⑮ 《全集》卷十三，頁 250–251。

又《配所殘筆》中云:

> 本朝者天照太神之苗裔，自神代迄今日其正統無一代違之。迄藤原氏輔佐之臣，世世不斷。攝錄之臣相續，無亂臣賊子之不義不道之事故，（中略）今以此三德，本朝與異朝一一立印使較量之，則本朝遠勝，誠實應謂為中國之所以分明也。是更非私云，乃天下之公論也⑯。

由上所述不難看出素行枉顧藤原氏擅權、武家奪政之史實而一昧指摘中國之非，更狂論日本之所以爲中國，非素行一人之私言而爲天下之公論。此狂妄自大之心態實較夜郎有過之而無不及。《舊唐書·日本國傳》云:

> 日本國者，倭國之別種也，以其國在日邊，故以日本為名。或曰:倭國自惡其名不雅，改為日本。或云:日本舊小國，併倭國之地。其人入朝者，多自矜大，不以實對，故中國疑焉⑰。

評日本「其人入朝者，多自矜大，不以實對」，由此蓋已可見日本國體自尊之表現吧!

至於日本國體之尊崇之代表除素行在《中朝事實》自序所云:

---

⑯ 《全集》卷十二，頁592-593。

⑰ 楊家駱主編，《舊唐書》(二)，〈日本國傳〉，頁 1457。

恒觀蒼海之無窮者，不知其大；常居原野之無畦者，不識其廣，長久而狃也，豈唯海野乎，愚生中華文明之土，未知其美，專嗜外朝之經典，嘐嘐慕其人物，何其放心乎、何其喪志乎？抑好奇乎、將尚異乎？夫中國之水土，卓爾於萬邦，而人物之精秀于八紘，故神明之洋洋、聖治之綿綿，煥乎文物、赫乎武德，此可比天壤也⑱。

其於〈或疑〉云：

二神以磤馭盧島為中國之柱，是乃　本朝為天柱之中也，天照太神。在於天上日，聞葦原中國有保食神，又高皇產靈尊欲立天津彥火瓊瓊杵尊以為葦原中國之主。是　天神皆以此地為中國。自是歷代稱中國，蓋地在天之中，而中國又得其。是乃中之又中也，土得天地之中，則人物必精秀而事義又無過不及之差，（中略）故所以其為中國久天然之勢也⑲。

又〈中國章〉中云：

國中者，中國也，柱者，建而不拔之稱，恆久而不變也。大者，無相對，日者，陽之精，明而不惑之稱，本者，深根固帶也⑳。

⑱《全集》卷十三，頁 226。

⑲《全集》卷十三，頁 372。

⑳同上，頁 8。

等等強調日本之神聖、偉大外，在素行之前尚有南朝忠臣北昌親房所著《神皇正統記》，其云：

> 大日本者神國也，天祖始開基，日神長傳統，僅我國有此事，異朝無其類，此故云神國也㉑。

當然，此自我尊崇之國體觀念更早的可由《日本書紀》得見，依《隋書・倭國傳》日本使者國書曰「日出處天子致書日沒處天子無恙」云云，又《日本書紀》推古天皇十六年之條曰：「東天皇敬白西皇帝」等可窺之一二。

而江戶時代強調日本國體自尊對等的思想，除素行外，同期的尚有陽明學者態澤蕃山之日本水土說，以及朱子學者山崎闇齋，引闇齋以中國爲假想敵攻日本爲題，問其弟子之話，其云：

> 方今彼邦以孔子為大將，孟子為副將，率騎數萬，攻我邦時，吾黨學孔孟之道，如何之。

當時弟子皆無言以對，於是闇齋自答云：

> 不幸若逢此厄，吾黨身披堅，手執銳，一戰之，擒孔孟，以報國恩，此即孔孟之道也㉒。

而繼素行之後，德川後期強調日本民族之本質爲神國、皇國的思想更是益愈顯著，以水戶學者會澤安《新論》爲例，其云：

---

㉑ 大日本文庫國史篇《神皇正統記・愚管抄》卷一，頁 10。
㉒ 三浦藤作著，《日本倫理學史》，頁 425。

謹按，神州者，太陽之所出，元氣所始，天日之嗣世御宸極終古不易固大地之元首而萬國之綱紀也，誠宜照臨宇內皇化所曁無有遠邇矣㉓。

云日本爲「天地之元首」、「萬國之綱紀」。又佐藤信淵於1823年著《混同秘策》，中云：

皇國如欲拓疆他國必先以併吞中國為始㉔。

大概綜上所述可見日本國體自我之尊崇在江戶時代勃蓬發展之盛況，而素行之「日本中華主義」無疑的卽爲欲取「華夷思想」而代之以「反華夷說」。

中日關係在歷史上的發展與演變，固然與華夷思想有著絕大的關係，然如前所述，「華」、「夷」兩者若無政治上的利害衝突，以文化的觀點言之，其雖有文化優劣、種族、地域之差，兩者之本質是一致，地位是平等相待的。此卽如孔子所謂：「居處恭，執事敬，與人忠，雖之夷狄，不可棄也。」㉕又云：「言忠信、行篤敬，雖蠻貊之邦行矣。」㉖再者，中國稱四方之國按方位爲東夷、南蠻、西戎、北狄，而東夷爲中國東方民族之總稱。而依據《尙書・堯典》：「分命羲仲宅嵎夷曰暘谷」，註「東表之地稱嵎夷。暘、明也，日出於谷而天下明。」㉗以及《後漢

㉓ 會澤正志原著，高須芳次郎詳註，《新論講話》，頁1。
㉔ 包滄瀾編著，《日本近世百年史》，頁 81。
㉕ 《論語・子路》第十三，頁 118，《十三經注疏・8》。
㉖ 《論語・衛靈公》第十五，頁 137，《十三經注疏・8》。
㉗ 《尙書・堯典》，頁 21，《十三經注疏・1》。

書·東夷傳》：

> 王制云：「東方曰夷」。夷者，抵也。言仁而好生，萬物抵地而出。故天性柔順，易以道御，至有君子，不死之國焉。夷有九種，曰畎夷、于夷、黃夷、白夷、赤夷、玄夷、風夷、陽夷，故孔子欲居九夷也。

又云：

> 昔堯命羲仲宅嵎夷，曰暘谷，蓋日之所出也[28]。

由上觀之，對「夷」之解釋並無輕蔑之意，而此卽以雙方平等之立場爲出發點之華夷思想，與後世政治上之華夷思想有別。如明末清初王夫之《讀通鑑論》卷十四所云：

> 夷狄之與華夏所生異地，其地異其氣異矣，氣異而習異，習異而所知所行蔑不異焉，乃於其中亦自有其貴賤焉，特地界分天氣殊而不可亂，亂則人極毁華夏之生民亦受其吞噬。而憔悴防之於早，所以定人極而保人之生因乎天也。君子之與小人所生異種，異種者其質異也，質異而習異，習異而所知所行蔑不異焉[29]。

卽是強調以種族、地域之不同來區分華夷之貴賤，由是觀之實可

[28] （南朝）范曄撰，楊家駱主編，《後漢書》，頁 753。
[29] 《船山遺書全集》第十四卷，〈讀通鑑論〉卷十四，頁 779。

分出華夷思想兩種不同的表現方式。中日兩國關係深遠，可說以華夷思想而合，亦因華夷思想而對立。

中日兩國關係之深遠，可說以華夷思想而合，亦因華夷思想而對立，誠如「天下之大勢，合久必分，分久必合」，而兩者分合之間，山鹿素行之《中朝事實》又為其轉捩點之最好註腳，是以今試作此書，雖不能明未來之發展，唯希冀對過往歷史發展之因由做一說明。

# 參考書目

## 日文部份

### 一、史料

1. 廣瀨豐編纂，《山鹿素行全集思想篇》（全十五卷）。
岩波書店發行（昭和 15–17 年）。
第一卷　《治教要錄》、《武教小學》……等共十一篇。
第二、三卷　《修教要錄》。
第四～十卷　《山鹿語類》。
第十一卷　《聖教要錄》、《四書句讀大全（抄）》、《山鹿隨筆》。
第十二卷　《謫居童問》、《謫居隨筆》、《配所殘筆》。
第十三卷　《中朝事實》、《武家事紀（抄）》。
第十四卷　《孫子諺義》、《原源發機》……等共四篇。
第十五卷　家譜、年譜、詩文、書簡等共七篇。
2. 塚本哲三編輯，《山鹿素行文集》
有明堂書店，大正 15 年。
3. 田原嗣郎編集，《山鹿素行》，
中央公論社，昭和 50 年 3 版。
4. 蘇武利三郎、湯淺溫譯，《中朝事實》，
光玉館，大正 2 年 3 版。
5. 田原嗣郎、守本順一郎校注，《山鹿素行》，
岩波書店，昭和 57 年。

6. 四元學堂譯著，《中朝事實》，
帝國報德會，大正六年 10 版。
7. 文部省社會教育局編，《中朝事實》，
社會教育會刊行，昭和 8 年。
8. 小林一郎講述，《自警・中朝事實》，
平凡社，昭和 17 年。
9. 平重道、阿部秋生同校注，《近世神道論・前朝國學》，岩波書店，昭和 57 年。
10. 小出哲夫解說，《中江藤樹・熊澤蕃山集》，
玉川大學出版部，昭和 58 年。
11. 岸本芳雄校註，《本居宣長・平田篤胤集》，
玉川大學出版部，昭和 54 年 5 版。
12. 玖村敏雄、村上敏治校註，《山鹿素行・吉田松蔭集》，
玉山大學出版部，昭和 54 年 7 版。
13. 兒玉幸多編著代表，《史料による日本の步み》近世編，
吉川弘文館，昭和 52 年 22 制。
14. 木代修一編，《日本文化史圖錄》，
四海書房，昭和 9 年 3 版。
15. 中村啓信、菅野雅雄編著，《日本神話》，
櫻楓社，昭和 53 年。
16. 飯田季治著，《日本書紀新講》、上下卷，
明文社、昭和 13 年 6 版。
17. 和田利彥編輯，《神皇正統紀、愚管抄》，
春陽堂，昭和 10 年。
18. 頼山陽著，岡本優太郎解釋，《日本外史》，
研究社，昭和 15 年 5 版。
19. 會澤正志原著，高須芳次郎詳註，《新論講話》，

平凡社，昭和 18 年。
20. 三枝博音編纂，《日本哲學全書第五卷》，國學篇，
第一書房，昭和 11 年。
21. 吉川幸次郎編，《本居宣長集》，
筑摩書房，一九七五年 5 刷。
22. 笠原一男編，《日本思想の名著》，12 選，
學陽書房，一九七三年。

## 二、一般著作

23. 堀勇雄著，《山鹿素行》，
吉川弘文館，昭和 43 年 3 版。
24. 堀勇雄著，《林羅山》，
吉川弘文館，昭和 39 年。
25. 淸原貞雄著，《思想的先覺者としての山鹿素行》，
藤井書店，昭和 5 年。
26. 井上哲次郎著，《日本古學派之哲學》，
富山房，大正六年 10 版。
27. 井上哲次郎著，《日本朱子學派之哲學》，
富山房，大正 13 年 14 版。
28. 淸原貞雄著，《日本精神概說》，
東洋圖書株式會社合資，昭和 9 年 13 版。
29. 和辻哲郎著，《日本倫理思想史》下卷，
岩波書店，昭和 50 年 16 版。
30. 丸山眞男著，《日本政治思想史研究》，
東京大學出版會，一九七九年 24 刷。
31. 石田一良編，《日本思想史概論》，
吉川弘文館，昭和 51 年 12 刷。

32. 三浦藤作著，《日本倫理學史》，
中興館，昭和 18 年 13 版。
33. 長坂金雄編輯，《新講大日本史・日本思想史（上）第13卷》，
雄山閣，昭和 14 年。
34. 日本史研究會編，《日本文化史》，第四卷，
三一書房，一九七八年 2 刷。
35. 西晉一郎著，《東洋道德研究》，
岩波書店，昭和 17 年 4 刷。
36. 神田豐穗編輯，《大思想アヂベロクイサンエ 9 東洋思想 B》，
春秋社，昭和 3 年。
37. 神田豐穗編輯，《大思想アヂベロクイサンエ28東洋思想辭典》，
春秋社，昭和 4 年。
38. 栗田元次著，《解說日本文化史》，
明治圖書株式會社，昭和 5 年。
39. 相良亨著，《近世の儒教思想》，
塙書房，昭和 52 年 2 刷。
40. 相良亨著，《近世日本における儒教運動の系譜》，
理想社，昭和 50 年 2 刷。
41. 相良亨等編著，《日本思想史の基礎知識》，
有斐閣，昭和 49 年。
42. 武內義雄著，《支那思想史》，
岩波書店，昭和 16 年 9 刷。
43. 大江文城著，《程朱哲學史論》，
東京堂書店，明治 44 年。
44. 栗田元次著，《國史精髓・近世篇》，
四海書房，昭和 11 年。
45. 中山久四郎著，《日本文化と儒教》，

刀江書院，昭和 10 年。
46. 高田眞治著，《日本儒學史》，
地人書館，昭和 18 年 3 版。
47. 田中義能著，《日本思想史概說》，
日本學術研究會，昭和 7 年 2 版。
48. 肥後和男著，《日本國家思想》，
弘文堂，昭和 14 年。
49. 志田不動麿著，《東洋史上の日本》，
四海書房，昭和 17 年 4 版。
50. 高階順治著，《日本精神の哲學的解釋》，
第一書房，昭和 15 年 5 刷。
51. 木宮泰彥著，《日華文化交流史》，
富山房，昭和 30 年。
52. 中村孝也著，《日本文化史要》，
大日本教化圖書株式會社，昭和 18 年 3 版。
53. 菊池寛著，《新日本外史》，
非凡閣，昭和 16 年 145 版。
54. 安井小太郎著，《日本儒學史》，
富山房，昭和 14 年。
55. 宮西一積著，《日本精神史》，
新生閣，昭和 13 年。
56. 白澤清人著，《日本新文化史，江戸時代前期10》，
內外書籍株式會社，昭和 16 年。
57. 岩橋遵成者，《近世日本儒學史》，下卷，
寶文館藏版，昭和 2 年。
58. 尾藤正英著，《日本歷史》13，近世 5，
岩波講座，一九七七年。

59. 內藤虎次郎著，《日本文化史研究》，
弘文堂書房，昭和9年3版。
60. 平重道著，《近世日本思想史研究》，
吉川弘文館，昭和44年。
61. 京都國立博物館監行，《神道藝術》，
角川書店，昭和51年版。

## 中文部分

### 一、史料

1. （漢）司馬遷著，楊家駱主編，《史記》，
鼎文書局，民國72年版。
2. （漢）班固著，楊家駱主編，《漢書》。
3. （晉）陳壽撰，楊家駱主編，《三國志》。
4. （南朝、宋）范曄撰，楊家駱主編，《後漢書》。
5. （唐）魏徵等撰，楊家駱主編，《隋書》。
6. （唐）房玄齡等撰，楊家駱主編，《晉書》。
7. （後晉）劉昫等撰，楊家駱主編，《舊唐書》㈡。
8. （元）脫脫撰，楊家駱主編，《宋史》㈣。
9. 《十三經注疏1・周易・尙書》，藝文書店，民國71年9版。
10. 《十三經注疏2・詩經》。
11. 《十三經注疏7・公羊傳・穀梁傳》。
12. 《十三經注疏8・論語・孟子・孝經・爾雅》。
13. （明）胡渭輯著《易圖明辨》，廣文書局，民國66年版。
14. 《易經集註》，第一書店，民國68年初版。
15. 邵雍著，《皇極經世書》，中國子學名著集成第（93）册。

中國子學名著集成編印基金會印行。
16. 周敦頤著，《周子全書》，
商務書局，67 年版。
17. 朱熹著，張伯行集解，《近思錄》，
商務書局，70 年 8 版。
18. 朱熹著，張伯行輯訂，《朱子語類》，
商務書局，71 年 4 版。
19. （宋）眞德秀撰，《大學衍義》，景印文淵四庫第 704 冊，
商務書局，72 年版。
20. （元）張養浩撰，《三事忠告》，景印文淵四庫第 602 冊。
21. （明）王夫之遺著，《船山遺書全集》，全 22 冊，
中國船山學會、自由出版社印行，民國 61 年初版。

## 二、一般著作

1. 鄭學稼著，《日本史》，全五册，
黎明文化事業，民國 66 年版。
2. 戴季陶著，《日本論》，
中央文物供應社，民國 43 年。
3. 包滄瀾編著，《日本近百年史》，
藝文印書館，民國 66 年 3 版。
4. 高懷民著，《先秦易學史》，
東吳大學中國學術著作獎勵委員會出版，民國 64 年初版。
5. 孫廣德著，《晉南北朝隋唐俗佛道爭論中之政治課題》，
中華書局，民國 61 年初版。
6. 木宮泰彥著，陳捷譯，《中日交通史》，
三人行出版社，民國 67 年初版。
7. 丸山眞男著，徐百、包滄瀾譯，《日本政治思想史研究》，

臺灣商務，民國 69 年初版。

8. 蘇振申、劉崇稜譯，《日本歷史思想之發展》，
 驚聲文物出版，民國 63 年，初版。

# 人名索引

（依書中出現先後順序排列）

# 書名索引

（依書中出現先後順序排列）

# 術語索引

（依書中出現先後順序排列）

# 世界哲學家叢書(四)

| 書名 | 作者 | 出版狀況 |
|---|---|---|
| 馬克斯・謝勒 | 江日新 | 排印中 |
| 馬克思 | 許國賢 | 撰稿中 |
| 雅斯培 | 黃藿 | 撰稿中 |
| 聖奧古斯丁 | 黃維潤 | 撰稿中 |
| 聖多瑪斯 | 黃美貞 | 撰稿中 |
| 梅露・彭廸 | 岑溢成 | 撰稿中 |
| 黑格爾 | 徐文瑞 | 撰稿中 |
| 盧卡契 | 錢永祥 | 撰稿中 |
| 亞里斯多德 | 曾仰如 | 已出版 |
| 笛卡兒 | 孫振青 | 排印中 |
| 盧梭 | 江金太 | 撰稿中 |
| 馬庫色 | 陳昭瑛 | 撰稿中 |
| 馬利丹 | 楊世雄 | 撰稿中 |
| 柯靈烏 | 陳明福 | 撰稿中 |
| 維根斯坦 | 范光棣 | 撰稿中 |
| 魯一士 | 黃秀璣 | 撰稿中 |
| 高達美 | 張思明 | 撰稿中 |
| 希克 | 劉若韶 | 撰稿中 |
| 萊布尼茲 | 錢志純 | 撰稿中 |
| 祁克果 | 陳俊輝 | 已出版 |
| 德希達 | 張正平 | 撰稿中 |

# 世界哲學家叢書㈢

| 書名 | 作者 | 出版狀況 |
| --- | --- | --- |
| 荻生徂徠 | 劉梅琴 | 撰稿中 |
| 休靜 | 金煐泰 | 撰稿中 |
| 知訥 | 韓基斗 | 撰稿中 |
| 元曉 | 李箕永 | 撰稿中 |
| 狄爾泰 | 張旺山 | 已出版 |
| 哈伯馬斯 | 李英明 | 已出版 |
| 巴克萊 | 蔡信安 | 撰稿中 |
| 呂格爾 | 沈清松 | 撰稿中 |
| 柏拉圖 | 傅佩榮 | 撰稿中 |
| 休謨 | 李瑞全 | 撰稿中 |
| 胡塞爾 | 蔡美麗 | 已出版 |
| 康德 | 關子尹 | 撰稿中 |
| 海德格 | 項退結 | 已出版 |
| 洛爾斯 | 石元康 | 已出版 |
| 史陶生 | 謝仲明 | 撰稿中 |
| 卡納普 | 林正弘 | 撰稿中 |
| 奧斯汀 | 劉福增 | 撰稿中 |
| 洛克 | 謝啟武 | 撰稿中 |
| 馬塞爾 | 陸達誠 | 撰稿中 |
| 約翰彌爾 | 張明貴 | 已出版 |
| 卡爾巴柏 | 莊文瑞 | 撰稿中 |
| 赫爾 | 馮耀明 | 撰稿中 |
| 漢娜鄂蘭 | 蔡英文 | 撰稿中 |
| 韋伯 | 陳忠信 | 撰稿中 |
| 奎英 | 成中英 | 撰稿中 |

# 世界哲學家叢書（二）

| 書名 | 作者 | 出版狀況 |
|---|---|---|
| 揚雄 | 陳福濱 | 撰稿中 |
| 劉勰 | 劉綱紀 | 已出版 |
| 淮南子 | 李增 | 撰稿中 |
| 袾宏 | 于君方 | 撰稿中 |
| 永明延壽 | 冉雲華 | 撰稿中 |
| 宗密 | 冉雲華 | 已出版 |
| 方以智 | 劉君燦 | 已出版 |
| 吉藏 | 楊惠南 | 已出版 |
| 惠能 | 楊惠南 | 撰稿中 |
| 玄奘 | 馬少雄 | 撰稿中 |
| 龍樹 | 萬金川 | 撰稿中 |
| 智顗 | 霍韜晦 | 撰稿中 |
| 竺道生 | 陳沛然 | 已出版 |
| 慧遠 | 區結成 | 已出版 |
| 僧肇 | 李潤生 | 已出版 |
| 知禮 | 釋慧嶽 | 撰稿中 |
| 道元 | 傅偉勳 | 撰稿中 |
| 大慧宗杲 | 林義正 | 撰稿中 |
| 西田幾多郎 | 廖仁義 | 撰稿中 |
| 伊藤仁齋 | 田原剛 | 撰稿中 |
| 貝原益軒 | 岡田武彥 | 已出版 |
| 山崎闇齋 | 岡田武彥 | 已出版 |
| 楠本端山 | 岡田武彥 | 撰稿中 |
| 山鹿素行 | 劉梅琴 | 已出版 |
| 吉田松陰 | 山口宗之 | 撰稿中 |

# 世界哲學家叢書(一)

| 書名 | 作者 | 出版狀況 |
| --- | --- | --- |
| 董仲舒 | 韋政通 | 已出版 |
| 程顥、程頤 | 李日章 | 已出版 |
| 王陽明 | 秦家懿 | 已出版 |
| 王弼 | 林麗真 | 已出版 |
| 陸象山 | 曾春海 | 已出版 |
| 陳白沙 | 姜允明 | 撰稿中 |
| 劉蕺山 | 張永儁 | 撰稿中 |
| 黃宗羲 | 盧建榮 | 撰稿中 |
| 周敦頤 | 陳郁夫 | 排印中 |
| 王充 | 林麗雪 | 撰稿中 |
| 莊子 | 吳光明 | 已出版 |
| 老子 | 范光棣 | 撰稿中 |
| 張載 | 黃秀璣 | 已出版 |
| 王船山 | 戴景賢 | 撰稿中 |
| 眞德秀 | 朱榮貴 | 撰稿中 |
| 顏元 | 楊慧傑 | 撰稿中 |
| 墨子 | 王讚源 | 撰稿中 |
| 邵雍 | 趙玲玲 | 撰稿中 |
| 李退溪 | 尹絲淳 | 撰稿中 |
| 賈誼 | 沈秋雄 | 撰稿中 |
| 李栗谷 | 宋錫球 | 撰稿中 |
| 孔子 | 秦家懿 | 撰稿中 |
| 孟子 | 黃俊傑 | 撰稿中 |
| 朱熹 | 陳榮捷 | 已出版 |
| 王安石 | 王明蓀 | 撰稿中 |